LES KURDES
ET
LEUR HISTOIRE

Collection *Comprendre le Moyen-Orient*
dirigée par Jean-Paul Chagnollaud

Dernières parutions

ARBOIT G., *Le Saint-Siège et le nouvel ordre au Moyen-Orient. De la guerre du Golfe à la reconnaissance diplomatique d'Israël*, 1995.
ABDULKARIM A., *La diaspora libanaise en France. Processus migratoire et économie ethnique*, 1996.
SABOURI R., *Les révolutions iraniennes. Histoire et sociologie*, 1996.
GUINGAMP Pierre, *Halez el Assad et le parti Baath en Syrie*, 1996.
KHOSROKHVAR Farhad, *Anthropologie de la révolution iranienne. Le rêve impossible*, 1997.
BILLION Didier, *La politique extérieure de la Turquie. Une longue quête d'identité*, 1997.
DEGEORGE Gérard, *Damas des origines aux mamluks*, 1997.
DAVIS TAÏEB Hannah, BEKKAR Rabia, DAVID Jean-Claude (dir.),, *Espaces publics, paroles publiques au Maghreb et au Machrek*, (coed Harmattan/Maison de l'orient), 1997.
BSERENI Alice, *Irak, le complot du silence*, 1997.
DE HAAN Jacob Israël, *Palestine 1921*, présentation, traduction du néerlandais et annotations de Nathan Weinstock, 1997.
GAMBLIN Sandrine , *Contours et détours du politique en Egypte*, 1997.
LUTHI Jean-Jacques, *L'Egypte des rois 1922-1953*, 1997.
CHIFFOLEAU Sylvia, *Médecines et médecins en Egypte. Construction d'une identité professionnelle et projet médical*, (coed.Harmattan/ Maison de l'Orient), 1997.
ANCIAUX R., *Vers un nouvel ordre régional au Moyen-Orient*, 1997.
RIVIERE-TENCER Valérie, ATTAL Armand, *Jérusalem. Destin d'une métropole*, 1997.
YAVARI-D'HELLENCOURT Nouchine, *Les femmes en Iran. Pressions sociales et stratégies identitaires*, 1998.
Philippe BOULANGER, *Le destin des Kurdes*, 1998.
Christophe LECLERC, *Avec T.E. Lawrence en Arabie*, 1998.
Sabri CIGERLI, *Les réfugiés kurdes d'Irak en Turquie*, 1998.
Jean-Jacques LUTHI, *La vie quotidienne en Egypte au temps des Khédives, 1863-1914*, 1998.
Daniel FAIVRE, *Vivre et mourir dans l'ancien Israël*, 1998.
Françoise CLOAREC, *Bîmaristâns et folie*, 1998.
Joseph KHOURY, *Le désordre libanais*, 1998.
Jacques BENDELAC, *L'économie palestinienne*, 1998
Ephrem-Isa YOUSIF, *L'épopée du Tigre et de l'Euphrate*, 1999.

Sabri CIGERLI

LES KURDES
ET
LEUR HISTOIRE

Préface de Jack Lang

L'Harmattan
5-7, rue de l'École Polytechnique
75005 Paris - FRANCE

L'Harmattan Inc.
55, rue Saint-Jacques
Montréal (Qc) - CANADA H2Y 1K9

ISBN : 2-7384-7662-7

A tous ceux qui ont été torturés, lynchés, assassinés, qui ont disparu , pour avoir revendiqué leur origine kurde.

SOMMAIRE

PREFACE

Les terres kurdes sont l'un des foyers de la civilisation humaine au temps des Mèdes et de la Mésopotamie. Ces noms ont traversé les siècles. Le peuple kurde est actuel et aujourd'hui déchiré ; il doit lutter pour maintenir sa culture et ses traditions.

Maints historiens soulignent la particularité d'un vaste territoire qui participe à l'histoire du monde depuis des millénaires. Cela tient sans doute à l'intérêt géographique et stratégique de ce territoire qui a vu défiler des conquérants, tout en réussissant à conserver son caractère essentiel.

Dès son origine, la géographie confère à ces terres une double fonction : le passage et le refuge.

D'une part, il relie plusieurs Etats importants.

D'autre part, ses montagnes, difficilement accessibles, servent de refuge aux peuplades persécutées et abritent une mosaïque d'ethnies et de communautés qui vivront longtemps côte à côte sans se combattre ni se fondre, conservant leur religion et leurs coutumes.

Toute l'histoire kurde s'inscrit dans cette double caractéristique.

Avec *Les Réfugiés kurdes d'Irak en Turquie, Gaz, Exodes, Camps*, publié en novembre 1998, Sabri CIGERLI avait donné un ouvrage original par la qualité des matériaux rassemblés, par sa réflexion et ses analyses ethnologiques.

Dans son nouveau livre, *Les Kurdes et leur histoire*, Sabri CIGERLI conjugue la réflexion de l'historien à une expérience d'ethnologue. Il est parmi les premiers chercheurs à compiler et à analyser des sources multiples et éparpillées. Les résultats de cette recherche alimenteront, sans doute, le débat sur la question kurde.

Sabri CIGERLI étudie le contexte géographique et social des territoires kurdes. Il s'efforce de mettre en lumière les composantes d'une Nation, la langue et la religion. Il traite également des querelles internes aux Kurdes, de la convoitise des pays voisins, ainsi que des désaccords qui les opposent aux Kurdes. La lutte des partis politiques kurdes est d'ailleurs souvent déterminée par les intérêts et les objectifs des Etats voisins.

L'ouvrage de Sabri CIGERLI permet de comprendre les stratégies des Etats de la région et celles des mouvements nationaux kurdes. L'émigration massive de la population kurde en Europe de l'Ouest a entraîné d'importants changements chez les Kurdes et dans les partis politiques kurdes. Elle a aussi porté la question kurde sur la scène européenne.

Sabri CIGERLI montre que l'histoire kurde demeure une histoire vivante, une question d'actualité qui concerne non seulement les Kurdes, les Turcs ou les Irakiens mais également tous ceux épris de liberté et de justice.

Jack LANG

Président de la
Commission des Affaires Etrangères
à l'Assemblée Nationale

INTRODUCTION

En enfermant l'histoire des Kurdes dans les limites du présent ouvrage, l'auteur éprouve un irrépressible sentiment de frustration : à chaque page, il voudrait en dire bien plus. S'il parvient à faire partager ce sentiment au lecteur et à lui inspirer le désir d'en savoir d'avantage il estimera que l'ouvrage aura atteint son but.

Certes, l'on pourrait écrire deux histoires des Kurdes. La première serait fabuleuse au sens propre du terme. Ce serait l'histoire des fables et des mythes qui entourent leur existence. Mais la véritable l'histoire des Kurdes, telle que nous nous sommes proposés de l'écrire, n'est pas moins fabuleuse au sens figuré, si l'on en juge par ses proportions dans le temps et l'espace. Car, elle est tout : une histoire à la fois la plus longue et la plus variée. Il suffit de penser qu'elle dure depuis des siècles et que l'on trouve les Kurdes dans plusieurs de pays.

La question des minorités, qu'elles soient ethniques, ethnico-réligieuses linguistiques, demeure un problème majeur dans notre univers, alors même qu'elles peuvent parfois être majoritaires sur leur territoire. Le principe du « droit des peuples à disposer d'eux-mêmes », qui est quant à lui assez vague, ne produit pas les effets souhaités pour les minorités car les rapports de force ne permettent pas l'application de cette déclaration.

Comment peut-on expliquer que des hommes en groupe ont moins de droits que l'individu qui appartient à un Etat ? Cet individu est obligé par l'Etat de s'instruire à l'école jusqu'à un certain âge, alors que le groupe minoritaire fait de citoyens d'un même Etat se voit interdire d'apprendre sa langue et sa culture.

Pour leur part, les institutions internationales restent inefficaces à l'égard des lois « nationales ». Même les droits humanitaires les plus élémentaires ne sont pas appliqués aux combattants et aux victimes des minorités qui sont en conflit avec l'Etat. Mais au fur et à mesure des années de résistance, la détermination des minorités a obligé certains Etats à se plier aux exigences des organisations gouvernementales et non gouvernementales (Irak en 1991).

L'apparition de la notion d'Etat-Nation au XVIIIe et au XIXe siècle en Occident après l'effondrement des empires a permis d'opprimer les minorités. Cette oppression est pratiquée de différentes façons et à des degrés différents : oppression économique, discrimination culturelle, élimination physique, génocide. Ces diverses formes de pression exercées très souvent par la majorité ont pu néanmoins apporter quelques solutions favorables à certaines de ces minorités : l'indépendance (la création des nouveaux Etats), l'autonomie (dans le cadre d'un même Etat), les droits culturels...

Les Kurdes pour leur part appartiennent à un autre groupe. C'est un groupe de « sans statut ». Brièvement, on peut dire qu'ils n'ont aucune représentativité dans les Etats. Leur identité est déniée en droit et la pratique de leur langue est interdite. En Syrie, en Iran et en Turquie, les revendications actuelles des Kurdes sont limitées à la simple reconnaissance d'être kurde. On remarque également que ce sont ces Etats qui consacrent une part importante de leur budget aux guerres contre les Kurdes. Face à cette situation, le mouvement national kurde qui déborde sur plusieurs Etats n'est pas unifié. Cependant, depuis une dizaine d'années il existe chez les Kurdes d'Irak un certain consensus, malgré des affrontements périodiques. En Turquie, le PKK entend constituer la force unique des Kurdes.

Le peuple kurde forme un peuple à part, vivant sur un territoire déterminé, avec sa langue, sa religion. Il est le seul peuple aussi important par son nombre (il est estimé entre 20-25 millions) à occuper un territoire d'environ 555 000 km2. Il constitue la plus grande « Nation sans Etat » qui ne possède pas le droit à l'existence nationale. Le peuple kurde a d'abord subi des périodes de répression puis a riposté par des révoltes successives, suivies par des exodes, des déportations, des, disparutions, des assassinats. Depuis le XIXe siècle et encore plus fréquemment depuis la Première Guerre mondiale[1] l'existence des Kurdes est devenue une question discutée au niveau international.

Plus récemment, la guerre du Golfe donna naissance à une « autonomie » kurde en Irak. Malgré des problèmes internes, une population kurde se voyait pour la premières fois être administrée par les Kurdes eux-mêmes. Elle se voyait reconnaître la pratique en toute liberté de sa culture, de sa langue (si on ne prend pas en compte l'éphémère République kurde de Mahabat, en 1945-1946).

Les années 1980-90 correspondent à une période riche en événements douloureux. Les massacres de Kurdes ont entraîné la régionalisation puis l'internationalisation de la question kurde. Le gazage des civils, l'exode de plus de cent mille Kurdes d'Irak en Turquie en 1988 a sensibilisé l'opinion publique mondiale et ébranlé l'idéologie officielle turque selon laquelle « les Kurdes n'existaient pas » et qu'ils n'étaient que des « Turcs de la Montagne ». Le grand exode des Kurdes d'Irak qui a eu lieu après la guerre du Golfe vers l'Iran et la Turquie a également démoli tous les murs du silence, internationalisé le problème kurde puis engendré un Etat « embryonnaire » kurde.

En Turquie, le PKK (Parti des Travailleurs du Kurdistan), qui mène la lutte depuis 1984, a participé fortement à la reconnaissance du problème kurde à la fois en Turquie et dans le monde. L'arrivée du leader du PKK Abdullah Öcalan en Italie le 13 novembre 1998 a quant à elle donné naissance à une étape nouvelle. Les Etats européens et en particulier l'Italie se sont

---

[1] Le traité de Sèvres signé entre les alliés et le gouvernement turc le 10 août 1920 prévoyait un Etat pour les Kurdes sur une partie de leur territoire. Mais trois ans plus tard le traité de Lausanne (1923) signé entre la Turquie kemaliste et les alliés rendre caduc le traité de Sèvre. C'est ainsi que les révoltes kurdes se succèdent, aussitôt réprimées dans le sang, et plusieurs centaines de milliers de Kurdes sont déportés vers les villes turques.

impliqués directement dans la question kurde à la fois par obligation face à l'arrivée sur son territoire du leader kurde et par principe au nom des droits de l'homme. Ceci tient aussi au fait que le nombre des immigrés kurdes déjà grand en Europe ne cesse d'augmenter. On estime en 1998, qu'il y en a plus de 800 000, bien que ce chiffre n'ait aucune valeur absolue. Les Kurdes n'ayant pas d'Etat, ils sont enregistrés par les différentes administrations comme Turcs, Iraniens, Irakiens, et Syriens.

De nombreux Kurdes immigrés en Europe sont très politisés : ils militent au sein des partis politiques kurdes ou des associations qui leur sont proches. Ils continuent leur action en Europe, à la fois pour sensibiliser l'opinion publique européenne et pour mobiliser la diaspora kurde.

Peut-on dire alors que les Kurdes vont vers un Etat autonome, fédéral ou indépendant ? Y aura-t-il reconnaissance officielle de la spécificité kurde en Turquie ? Après un passé fait de douleurs et d'injustices, les années à venir nous le diront.

Les pages qui suivent tentent ainsi d'apporter au lecteur des éléments d'information, d'analyse sur l'histoire des Kurdes dans différents pays. Cet ouvrage est constitué de deux parties : dans la première partie nous présenterons le peuple kurde, son cadre géographique, son statut, ses croyances, son histoire. Nous tenterons d'élucider l'origine du problème kurde en l'analysant et en portant un regard critique sur les débats propres aux Kurdes, sur les phénomènes extérieurs.

Dans la deuxième partie, nous évoquerons le problème kurde avec les différents Etats. Nous nous efforcerons d'exposer les conditions imposées aux Kurdes dans les différents Etats où ils se trouvent afin de mieux faire comprendre leur situation et le contexte dans lequel ils vivent.

C'est la réaction du peuple kurde confronté à la négation de son identité, de sa culture, de sa langue et de ses droits les plus élémentaires dont nous essayerons de rendre compte dans cette ouvrage.

Première partie :

Chapitre 1 - Un peuple sans Etat ni Nation[2]

Qui sont les Kurdes ?

Les Kurdes forment un peuple qui a subi des persécutions, voire qui a été victime d'entreprise d'extermination massive, bien que, certaines de ses tribus aient aussi participé dans le passé à des persécutions à l'encontre des Arméniens et des Chaldéens, pour le compte de l'Empire ottoman. L'une des caractéristiques majeures de la répression durable qui les frappe (comme toutes les minorités) consiste dans l'occultation et la destruction de leur culture[3]. La destruction systématique de la plupart des ouvrages écrits sur les Kurdes et l'interdiction de consulter les documents existants concernant la civilisation kurde dans les archives des gouvernements turc, perse et arabe, n'ont pas permis aux historiens de préciser complètement

[2] Définition du terme Nation : plusieurs théoriciens admettent qu'il n'y a pas de définition objective de la Nation. Cela revient à affirmer qu'un peuple existe lorsqu'il est différent d'une autre Nation ou d'un autre peuple. Tous les membres d'une communauté humaine se sentent un peuple, unis par une volonté commune de vivre ensemble, une même vision du monde et la conscience de partager un même destin historique et que les liens qui les unissent entre eux, quelle que soit leur nature, sont plus forts que ceux qui pourraient les rattacher à d'autres communautés sociales. Les théories de la Nation sont diverses et font toutes appel à un certain nombre d'éléments communs constitutifs de la Nation, sans toutefois leur donner la même importance, les plus fréquemment mentionnés sont une histoire commune, une langue commune, une culture commune, une terre commune, parfois même une religion commune. Staline ajoute "une vie économique commune", les nazis insistent sur "l'origine raciale commune".

[3] Il existe des quantités de peuples dont on a occulté la culture. Mais à notre connaissance, il n'y a pas à ce jour d'autre peuple numériquement aussi important qui soit privé de la pratique de sa langue et de sa culture. Bien que ce ne soit pas un cas unique, ce cas rentre dans la catégorie des négations. Les Kurdes n'existent pas en tant que tels. En Turquie, ils sont Turcs et on les empêchera de s'affirmer comme Kurdes.

l'histoire des Kurdes. Certains linguistes «kurdologues» révèlent que le mot « kurde » est apparu pour la première fois dans les écrits de Xénophon, dans son livre « L'Anabase »:

« (...) Les Kardoukhoi dont parle Xénophon dans la relation de la fameuse retraite (en 401-400 av. J.C.) de ses Dix-Mille à travers le Kurdistan actuel, jusqu'à la Mer Noire n'étaient pas autre chose que les ancêtres certains des Kurdes (...) »[4].

Pour Vladimir Minorsky[5] :

« Au vu des faits historiques et géographiques, il est très probable que la Nation kurde s'est formée de l'amalgame de deux tribus congénères, les Mardoï (les Mèdes) et les Kyrttoï (les Scythes) qui parlaient des dialectes médiques très proches. D'autre part, il est certain que dans leur expansion vers l'Ouest, les Kurdes ont incorporé plusieurs éléments indigènes »[6].

Les Kurdes se sont installés dans la région plusieurs siècles avant Jésus-Christ. Au Moyen Age, cette région comptait un assez grand nombre de principautés dans les vallées, des petites unités « féodales » indépendantes organisées en dynasties héréditaires. Chacune de ces unités possédait une armée "régulière ». Toutes ces principautés étaient autonomes et politiquement indépendantes les unes par rapport aux autres. Ce système était sans doute différent de l'organisation « féodale » française qui a donné naissance à un Etat centralisateur en ce sens qu'il produisait un ensemble de principautés politiques qui se maintenaient indépendantes. L'histoire de ces principautés est mieux connue à partir de leur islamisation, qui ne s'est pas faite sans difficulté, au IXe siècle. Les Kurdes furent peu à peu convertis par la force à l'islam. Au Xe siècle les Merwanides

[4] Basile Nikitine, *Les Kurdes (Etude Sociologique et Historique)*, Paris, Imprimerie Nationale, 1956, p. 2.

[5] Vladimir Minorsky est un "kurdologue" d'origine russe. Il a passé une grande partie de sa vie en Grande-Bretagne et en France.

[6] Cette déclaration a été faite lors du Congrès international des Orientalistes à Bruxelles sur les origines des Kurdes, en 1938.

(990-1096), dans la région de Diyarbakir et au XIIe siècle les Ayoubides (1169-1250), dynastie fondée par le célèbre Saladin, vainqueur des Croisés, sont deux dynasties dans lesquelles on trouve des Kurdes jouant un rôle déterminant[7].

A partir du IXe siècle, les peuples de cette région (Perses, Arméniens, Arabes, Lazes, Kurdes) ont subi les invasions successives des nomades turcs venant d'Asie centrale. Leur résistance ne put empêcher l'implantation des Turcs et leur domination. Par la suite, ces dynasties furent détruites par d'autres dynasties. C'est finalement celle des Seldjoukides qui l'emportera. Les Ottomans qui avançaient vers l'Ouest prirent Bursa comme capitale, en 1326. Plus tard, en 1453, ils conquirent Constantinople, ce qui mit fin à onze siècles d'Empire Byzantin[8]. Les tentatives de l'Empire safavide pour s'agrandir vers l'Ouest et l'ambition de l'Empire ottoman de conquérir cette région transformèrent la région kurde en un champ de batailles permanent dès le début du XVIe siècle[9].

Contexte géographique et social des territoires kurdes

Les régions kurdes qui servirent de champ de bataille entre les Empires jusqu'au début du XXe siècle, eurent après la Première Guerre Mondiale à subir les convoitises d'autres Etats dues à la découverte de pétrole. Le sous-sol des territoires où vivent les Kurdes est très riche, notamment en pétrole, en particulier en Irak, dans les bassins de Kirkouk et de Mossoul, ainsi qu'en Turquie dans la région de Batman. Charbon, minerais

---

[7] Saladin assuma le commandement du monde musulman pendant plus d'un demi siècle. Son empire englobait la Syrie, l'Egypte et le Yémen. A l'époque des Croisades, la conscience religieuse primait sur la conscience nationale. Il a conduit le monde musulman contre l'invasion de l'Europe chrétienne, sous l'égide du Roi d'Angleterre Richard Cœur de Lion.

[8] Cf. S. Jmor, *L'origine de la question kurde*, Paris, L'Harmattan, 1994, p 22.

[9] Il faut également remarquer que les relations entre Kurdes et Ottomans revêtaient un aspect idyllique. Les Kurdes n'en éprouveront que plus de difficulté à s'en détacher.

de cuivre, fer, chrome sont d'autres richesses importantes. Les montagnes autrefois couvertes de forêts ont laissé place à des maquis en raison des bombardements et des incendies perpétrés par les autorités iraniennes, irakiennes et turques afin d'empêcher les nationalistes kurdes de s'y cacher. En plus de quelques petits fleuves tels que le Grand Zap et le Petit Zap, le Sirwan, deux grands fleuves, le Tigre et l'Euphrate, qui sont considérés comme des "veines de vie » pour la Turquie, l'Irak et la Syrie, prennent leur source dans ces régions. Mais, malgré la présence de ces richesses, l'industrie y est quasi inexistante. Les régions kurdes sont sous-développées, en partie en raison des politiques menées par les autorités des différents Etats de la région. La difficulté d'accès et l'éloignement des transports maritimes constituent de surcroît d'autres causes à cette situation.

Les régions kurdes de Turquie constituent la partie la plus vaste et la plus peuplée de l'ensemble des territoires kurdes. Elles couvrent une superficie d'environ 230 000 km2, soit 30% du territoire de la Turquie, et comptent entre 12 et 15 millions d'habitants[10]. Quatre grands fleuves et plusieurs rivières y prennent leur source (Tigre, Euphrate, Grand et Petit Zap).

La population kurde de Turquie a été estimée en 1990 à 15 millions de personnes, selon les sources kurdes, et à 12 millions

[10] Estimations : Nous avons trouvé des chiffres différents dans les ouvrages que nous avons consultés sur les Kurdes. Nous avons choisi les chiffres moyens pour le territoire. Les Etats concernés et les Kurdes ne donnent pas le même nombre d'habitants. Par exemple, selon le Président de la République turc, les Kurdes en Turquie sont au nombre de 12 millions, alors que les Kurdes avancent le chiffre de 15 millions.

	Superficie des zones kurdes	**Nombre de Kurdes**	**Population totale**
Turquie	230 000 km2	12 à 15 millions	56 millions
Irak	74 000 km2	4-5 millions	18 millions
Iran	125 000 km2	6-7 millions	60 millions
Syrie	40 000 km2	850 000 à 1 million	12,5 millions
TOTAL	569 000 km2	22,850-28 millions	

selon une déclaration du Président de la République turque, Turgut Özal (voir annexe). Les Kurdes représentent environ 20% de la population de Turquie, qui est de 55 millions d'habitants. Certaines estimations ont montré que la moitié de la population habite dans les grandes villes turques de l'Ouest, telles que Istanbul, Izmir, Adana, surtout depuis 1980. Cela est dû soit aux déportations forcées, soit pour la recherche d'un travail, pour la poursuite d'études ou généralement dans la perspective d'une ascension sociale. A l'inverse, la population des provinces de l'Est est constituée d'environ 10% d'Azéris et d'Arabes.

Actuellement, par rapport à d'autres régions de Turquie, la région où vivent les Kurdes est sous-développée, tant sur le plan industriel que de la distribution des richesses, de l'éducation et des infrastructures. Selon une étude, réalisée par la Chambre d'industrie d'Istanbul : "14 des 18 provinces kurdes occupent le bas de la liste pour la répartition du revenu annuel brut, pour la période 1979-1986 »[11]. "En 1987, le revenu par tête qui était de 211 $ à Hakkari (comparable donc à celui de l'Afghanistan, de l'Ethiopie ou du Bangladesh), s'élevait à 3 890 $ à Kocaeli ou 2 377 $ à Istanbul, niveau comparable à ceux de la Grèce ou du Portugal »[12]. La société est de ce fait largement agraire (agriculture et élevage). De plus, ces dernières années, ces secteurs ont vu leur activité réduite en raison des destructions de villages (plus de 4 500) dus dans certains cas aux affrontements entre le PKK et les militaires. L'activité économique qui existait dans la région a considérablement diminué après le coup d'Etat de 1980 et surtout à partir du début de la lutte armée du PKK, en 1984. Le nombre de commerçants et d'artisans a baissé au profit de celui des marchands ambulants. Dans le même temps, très peu de Kurdes sont employés dans les services publics, les autorités turques préférant embaucher des Turcs venus de l'Ouest. Beaucoup d'entreprises en activité dans les villes kurdes

[11] Gérard Chaliand, *Le malheur kurde*, Paris, Editions Seuil, p. 86.

[12] Deniz Akagülü, *Dynamismes et pesanteurs économiques*, in La Turquie en Mouvement, Bruxelles, Editions Complexe, 1995, p. 76.

ont déménagé dans les métropoles turques où la rentabilité est meilleure et les conditions de sécurité mieux assurées : la main d'œuvre y est plus qualifiée, les matières premières y sont moins chères, les marchés plus favorables, alors qu'à l'Est les coupures d'électricité sont courantes, les pièces détachées et la réparation des machines coûtent très cher. l'Etat finance principalement les infrastructures routières, les casernes, les prisons et les grands travaux pour le développement des moyens de communication (téléphones, radars...). Ces moyens lui permettent aussi de mieux contenir les partisans du PKK. Les immeubles modernes sont destinés principalement aux fonctionnaires et officiers. La construction de garnisons s'étend à pratiquement toutes les villes et à certains villages. Les grands projets de construction de barrages sur l'Euphrate et le Tigre emploient très peu de Kurdes (mis à part les « protecteurs de villages ».) Le projet du Sud-Est de l'Anatolie (GAP : Güney dogu Anadolu Projesi) comporte la création de 21 barrages, 17 centrales hydroélectriques, de nombreux tunnels et canaux d'irrigation dans les bassins du Tigre et d'Euphrate[13]. Il permettra l'irrigation des vastes plaines avoisinantes[14]. L'agriculture ne dépendra plus des pluies. D'autre part, cette région est très riche en minerais. Les gisements de chrome exploités à Maden (entre Elazig et Diyarbakir) placent la Turquie au deuxième rang de cette production après la Russie. Le minerai de fer à Divri (près de Sivas) est acheminé vers les côtes de la mer noire où sont installées les industries sidérurgiques turques (Eregli et Karabük). On trouve aussi un important centre d'extraction de cuivre à Ergani, près de Diyarbakir. Enfin, les 4 millions de tonnes de pétrole provenant des gisements de Raman, Batman, Gerzan et Diyarbakir sont destinées principalement à la consommation intérieure.

La contrebande qui représentait, pour de nombreux individus,

---

[13] Ibid. p. 77.

[14] La productivité des plaines des régions kurdes de Turquie dépend du niveau de pluie. Il existe actuellement sur les fleuves du Tigre et de l'Euphrate plusieurs barrages construits pour irriguer ces plaines. Avec la chaleur et l'eau, cette région devrait devenir un des greniers à grains du Moyen-Orient.

une source de revenus importante entre la Turquie, l'Iran et la Syrie, n'était plus pratiquée en raison de la présence militaire dans la région. Il y a peu encore les contrebandiers passaient des troupeaux de moutons vers la Syrie, des médicaments vers l'Iran, de l'or et des produits "made in Hongkong » ou japonais de Syrie en Turquie.

S'agissant de l'Iran, les zones kurdes s'étendent sur une surface d'environ 125 000 km^2 sur les 1 640 000 km^2 que compte le pays, soit 8% du territoire iranien. Elles vont du Mont Ararat jusqu'à la chaîne montagneuse du Zagros, à l'Est, où se trouve le lac d'Ourmiah. Parmi les 50 millions d'habitants qui composent la population totale, seuls 20 millions sont des Perses, les autres étant Kurdes, Azéris, Lours et Baloutches. Les sept millions de Kurdes vivant en Iran représentent près de 15% de la population totale. En dehors des régions ouest de l'Iran, une population kurde important vit dans la province de Khorassan (au Nord-Est du pays, près de la frontière du Turkménistan actuel). Ces personnes ont été transférées dès le début du XVIIe siècle par le Chah Abbas, qui voulait défendre les frontières de l'Empire perse. On estime leur nombre à environ 600 000 personnes.

La doctrine politique iranienne ne confère pas aux Kurdes d'identité, mais les considèrent comme de purs Iraniens. L'administration iranienne a divisé la région kurde en trois provinces, mais seule la région de Sanandaj est nommée "Kurdistan" par le gouvernement iranien. Les deux autres régions sont appelées "Azerbaïdjan occidental" et "Kermanchah". En reprenant ce découpage administratif, on peut situer les Kurdes comme habitant dans les provinces d'Azerbaïdjan occidental, à l'Ouest du lac d'Ourmiah, les districts de Maku, Shahpur et au Sud du lac d'Ourmiah, Mahabad, dans la province d'Ardalan, de Kermanchah. La population kurde est musulmane à 98% (75% de sunnites, 25% de chiites) et à 2% chrétienne et juive.

Les régions kurdes étant sous-développées, le revenu par habitant est nettement inférieur à celui de l'Iran. Si le pétrole est exploité dans la région de Kermanchah, l'industrie demeure très peu développée. L'agriculture représente 35% du revenu de la région et l'élevage 45%. Le revenu par personne est huit fois moins élevé que dans le reste du pays, le revenu annuel par habitant était en 1975 de 150 dollars pour les régions kurdes, et de 1 340 dollars pour les autres régions. La région kurde est essentiellement agricole. A l'exception de la province de Kermanchah où l'on exploite le pétrole, on n'y trouve pratiquement pas d'industries. Depuis le règne du Chah, la situation ne semble pas s'être améliorée.

A l'exception des voies de communication stratégiques que sont la ligne de chemin de fer reliant l'Iran et la Turquie et la seule route asphaltée longeant la frontière irakienne pour relier les régions kurdes du Sud et du Nord, il n'existe aucune autre infrastructure. Le niveau de vie demeure par conséquent très bas, les habitations sont vieilles et la majorité des logements manquent d'eau potable et d'électricité.

En Irak, la région kurde s'étend sur environ 74 000 km^2 (à peu près deux fois la Suisse), ce qui représente 17% du territoire irakien (438 446 km^2). Quatre grands fleuves irriguent la région, le Tigre, l'Euphrate, le Grand Zap et le Petit Zap. Elle est donc riche en eau. Les récits de voyage nous indiquent que cette zone était encore très boisée il y a plusieurs dizaines d'années.

La population kurde d'Irak est estimée à 5,6 millions d'habitants, sur un total de 17 millions, ce qui représente 27% du total de la population. Mais aucun recensement fiable des Kurdes en Irak n'a été établi. Le pourcentage des Kurdes dans l'Etat irakien est plus élevé que dans les Etats voisins. Malgré les guerres successives, les exodes et les déportations, la population s'accroît rapidement, comme c'est le cas dans les pays du Tiers-Monde, car les taux de natalité et de mortalité y sont élevés. Dans la région kurde, la densité de la population est supérieure à celle des autres régions de l'Irak, à l'exception de la région frontalière dont il est question dans cette thèse, qui a été systématiquement vidée depuis 1975. En effet, la politique des gouvernements a visé à couper ou à incendier toutes les forêts pour que les combattants kurdes ne s'y cachent pas et contraignent les villageois à quitter leurs villages. Près de 4 000 villages ont ainsi été vidés de leurs habitants. Mais depuis la création par l'ONU de zones de protection au nord de l'Irak, les villageois retournent dans leurs villages et les reconstruisent au fur et à mesure que leurs terres sont déminées. Enfin, il faut aussi prendre en compte le fait qu'un nombre non négligeable de Kurdes d'Irak vivent sur le reste du territoire irakien, 300 000 vivent ainsi à Bagdad et 100 000 dans le sud de l'Irak. La plupart de ces Kurdes ont été transférés de force par les autorités irakiennes au milieu des années soixante-dix.

Le sous-sol de la région est très riche en fer et en chrome (non exploités), mais surtout en pétrole dans le bassin de Kirkouk et de Mossoul. Le pétrole était la première richesse du pays : "Les revenus du pétrole de la région kurde d'Irak représentaient la moitié des revenus de l'Etat irakien en 1980 ». Mais depuis 1990, il n'est plus exploité suite aux décisions d'embargo de l'ONU après l'invasion du Koweït par l'Irak[15]. Depuis août 1991, une partie de cette région est protégée par les alliés et administrée par les Kurdes (46 000 km^2 sur les 74 000 km^2 revendiqués par les Kurdes). La région de Kirkouk riche en pétrole, continue d'être administrée par le gouvernement central. L'industrie et l'agriculture qui ont été confrontées à un double embargo (celui des Nations Unies contre l'Irak et celui du gouvernement irakien contre cette région) ne sont pas performantes. Le revenu principal de cette région appauvrie provient des taxes douanières prélevées par les Kurdes sur le passage des camions entre l'Irak et la Turquie.

L'agriculture et l'élevage sont les deux autres richesses de la région. Le sud offre des plaines fertiles, notamment celles d'Erbil et de Kirkouk où le climat méditerranéen est pluvieux L'agriculture (tabac, céréales, vignes, fruits...) domine. Si la région n'était pas en guerre, la production agricole pourrait suffire à nourrir la population locale et certaines exportations de produits alimentaires pourraient avoir lieu. Mais actuellement,

[15] Gérard Chaliand, *Le malheur kurde*, *op. cit.*, p 132.

une grande partie de ces terres fertiles n'est pas exploitée en raison des mines qui ont été enfouies depuis 1975 et depuis la guerre du Golfe[16]. Le reste du pays, en dehors des rives de l'Euphrate et du Tigre, est désertique ou semi-désertique.

En Syrie, la région kurde est par rapport à celles d'Irak, de Turquie et d'Iran, la zone la moins étendue et la moins peuplée (mais avec la plus grande densité en réalité). Prolongement naturel des régions kurdes de Turquie et d'Irak, elle est délimitée au Nord par la voie ferrée Bagdad-Istanbul, qui constitue, sur une longueur de 850 km, la frontière officielle entre la Syrie et la Turquie depuis 1921. Au Sud, le territoire kurde s'étend de la montagne Sindjar à l'Est, jusqu'à la montagne Kurd Dagh, près de la Méditerranée à l'Ouest, en passant par la vallée de l'Euphrate.

L'activité principale de sa population est l'agriculture. Cette région fertile est considérée comme le grenier à grains de la Syrie. Elle bénéficie d'un taux de pluviosité important de par son climat méditerranéen. De plus, elle produit la totalité du pétrole syrien depuis 1956. Pourtant les activités industrielles n'y sont pas développées et c'est pourquoi beaucoup de familles kurdes sont parties vers les grandes villes, en particulier à Damas, pour y chercher du travail. Le taux de natalité est élevé. Le taux de mortalité infantile a quant à lui beaucoup diminué ces dernières années.

Actuellement, les Kurdes sont concentrés principalement dans trois régions : le Kurd Dagh à l'Est de l'Euphrate, au Nord-Est d'Alep, la Djezira entre les deux bras du Khabur avec Ras al Ayn, Darbissryya, Amuda, Qamishli, Andivar et Derik. Les Kurdes sont répartis administrativement sur six départements (Mouhafazas), les noms de plusieurs districts ont été arabisés et ce découpage administratif a eu pour but de disperser les populations kurdes.

---

[16] Selon l'organisation humanitaire Handicap International, cette région est une des plus minées du monde. Voir un rapport publié par Handicap International, *Les mines anti personnelles au Kurdistan irakien. La Guerre des lâches*, juin 1993.

Le statut de la langue kurde

Il paraît utile de parler ici de la langue kurde, car, dans les pays où vivent les Kurdes, en particulier en Turquie, certains linguistes, les plus éminents, parlent de l'inexistence de la langue kurde et prouvent "scientifiquement" qu'il ne serait pas possible de parler de science en langue kurde. Pourtant, le kurde est une langue indo-européenne, appartenant au groupe des langues iraniennes : le persan, le kurde, le balouch, le pashtun, le tadjik et l'ossète. D'après Minorsky, orientaliste et linguiste russe ayant publié de nombreux ouvrages sur les Kurdes, la langue kurde se distingue nettement du persan, sans avoir rien en commun avec le turc altaïque ni l'arabe sémite. Pour oser une image, elle est au persan ce que l'espagnol est au français. Elle est écrite depuis le VIIe siècle : Pour Basile Nikitine « (...) Malgré sa division en plusieurs dialectes, la langue kurde présente une grande stabilité de caractéristiques (...) »[17].

Le plus souvent, dans les ouvrages de chercheurs européens concernant les langues indo-européennes, on constate que le mot "kurde" est inexistant ou très rarement mentionné. Par exemple, le linguiste Georges Dumézil, dans son ouvrage consacré aux peuples indo-européens, ne mentionne même pas la langue kurde. Lorsqu'on sait qu'il a passé une dizaine d'années (1924-1931) à l'Université d'Istanbul comme professeur, on peut se demander s'il n'a pas été influencé par l'idéologie officielle de la nouvelle République turque pour qui le peuple kurde n'existait pas[18]. Ces années passées à Istanbul correspondent précisément à une période d'interdiction des publications en kurde, des écoles et associations kurdes, due à une politique qui a conduit à des insurrections successives telle la révolte de Cheikh Saïd en

---

[17] Basile Nikitine, *Les Kurdes*, *op. cit.*, p. 9.

[18] Il faut noter que G. Dumezil ne reprend pas le point de vue officiel turc qui nie la spécificité kurde. Mais, en n'abordant pas l'existence de la langue kurde, G. Dumezil a fait passer ses intérêts personnels — et ses bonnes relations avec la Turquie — devant les exigences scientifiques.

1925, ou la révolte du Mont Ararat en 1930. Cette agitation se propagea en Iran (révolte de Simko en 1930), et en Irak, placé alors sous protectorat britannique (révolte de Cheikh Mahmoud en 1931).

Dans son ouvrage intitulé "Des steppes aux océans, l'indo-européen et les indo-européens", André Martinet n'emploie le mot kurde que trois fois (p 67, 69, 71). On le retrouve sur des cartes et dans le passage suivant : « Aujourd'hui, les langues iraniennes sont essentiellement, outre le persan langue officielle d'Iran, le kurde, parlé en Iran, en Irak et en Turquie (...) ».

Claude Hagège, dans son livre intitulé « Le souffle de la langue, voies et destins des parlers d'Europe » de 1992, consacré aux langues parlées en Europe, a répertorié les langues parlées en Turquie sans mentionner l'existence de la langue kurde. Sur la carte figurant en fin d'ouvrage il ne fait état d'aucune langue indo-européenne en Turquie. A un chercheur, Jacqueline Sammali, qui lui demandait la raison de cet "oubli", il répondit qu'il n'avait "répertorié que les langues européennes, dont la partie européenne de la Turquie. Pour Jacqueline Sammali « Il n'a pas répondu au sujet de l'absence de la langue kurde sur la carte. En Russie, il considère que le kurde n'est pas une langue officielle »[19].

La langue kurde se compose de deux dialectes principaux : le kurmanci à 80% et le sorani à 15%. Le kurmanci est parlé en Turquie, en Syrie, dans le Caucase, en Irak du Nord et dans le Nord de la région kurde iranienne. Le sorani, du nom de l'ancienne principauté de Soran, est quant à lui pratiqué au sud des régions kurdes en Irak et au sud des régions kurdes en Iran. De plus un troisième dialecte, le zaza, est pratiqué par environ 5% des Kurdes de Turquie (Dersim, Elazig, Maras), et la grande majorité de ceux qui parlent le dialecte zaza emploient également le kurmanci. Ceci est dû autant à la ressemblance des deux dialectes qu'à l'encerclement presque total de la région qui parle le dialecte zaza par celle parlant le kurmanci. La majorité

---

[19] Jacqueline Sammali, *Etre Kurde, un délit ?, Portrait d'un peuple nié*, Paris, L'Harmattan, Col. Comprendre le Moyen-Orient, 1995, p. 60.

des commerçants dans les villes kurdes utilisent le dialecte kurmanci. Les gitans qui voyagent beaucoup dans la région, ainsi que les nomades qui se déplacent deux fois par an, ne connaissent quant à eux que le kurmanci. Ils sont donc un vecteur essentiel à sa propagation. Toutes ces raisons poussent les personnes utilisant le dialecte zaza à parler le dialecte kurmanci. Enfin, on trouve aussi deux autres dialectes peu répandus, le laouri et le bakhtiyari, qui sont parlés dans l'extrême sud des régions kurdes en Iran et en Irak.

Du fait des interdictions successives de leur pratique (dans la vie quotidienne, dans des publications, dans des émissions radios...) par les Etats de la région , ces dialectes ne se sont pas unifiés dans une seule langue parlée par tous les Kurdes. Tout ce qui symbolise la culture kurde est souvent soigneusement détruit : l'usage des noms et prénoms kurdes a été interdit de nombreuses fois dans l'histoire. Les chansons kurdes ont souvent été interdites. Les noms kurdes des villes et villages ont été retranscrits en langue turque, persane et arabe. Cette politique de répression s'est exprimée de façon diverse à différents moments selon les régimes en place. Sa durée est aussi tributaire du type de régime en place.

Les échanges culturels entre les Kurdes d'Iran, d'Irak et de Turquie n'existaient presque pas. Dans le domaine littéraire, traditionnellement cela était dû à l'interdiction de la diffusion en langue kurde et des différences d'alphabets employés dans ces différents pays[20]. Cela a largement contribué à ce que la langue kurde soit peu pratiquée, voire oubliée par certains Kurdes.

En ex-URSS, l'alphabet latin a été utilisé à partir de 1927 par des intellectuels kurdes. Après la Deuxième Guerre Mondiale, ils ont été contraints d'utiliser l'alphabet cyrillique. Mais la langue kurde elle-même n'a pas été interdite, elle a même été parfois encouragée. Ainsi la parution de nombreux ouvrages en

---

[20] Les romanciers et poètes kurdes sont plus connus en langue turque, persane et arabe qu'en langue kurde. Par exemple, en Turquie, le romancier kurde mondialement connu, Yasar Kemal, écrit en turc. En Iran, Hemin, qui est sans doute le plus grand poète contemporain kurde, écrit en perse.

kurde a t-elle été favorisée dans des caractères cyrilliques. D'autre part des chercheurs russes ont écrit sur l'histoire et la langue kurdes, tels Nikitine et Minorsky. Cependant la politique de Staline n'a pas épargné les Kurdes en les déportant dans différents pays de l'Union Soviétique.

En Syrie, la présence de la France entre les deux guerres mondiales a favorisé le développement de la langue kurde, bien qu'il n'y ait pas eu d'enseignement dans cette langue « (...). La demande d'autorisation d'ouvrir une école et d'y enseigner le kurde auprès des autorités françaises était négative »[21]. Cependant, influencés par les autorités françaises, les frères Bedir Khan (Princes kurdes de Turquie) réfugiés à Beyrouth, avaient encouragé les intellectuels kurdes de Syrie à utiliser l'alphabet latin et à publier quelques revues en kurde, telles que *Hawar* (L'Appel), *Ronahi* (La Clarté), *Roja Nû* (Le Jour Nouveau). Actuellement l'enseignement en langue kurde est toujours interdit en Syrie.

En Iran, la population kurde vit principalement à l'ouest du pays, et dans une moins grande mesure dans la région du Khorassan (Nord-Est) et dans le Baloutchistan (Sud-Est). Tout comme le reste de la population, les Kurdes utilisent les caractères arabes. L'enseignement en langue kurde n'a pas été admis. Il est seulement toléré de parler kurde en public. Cependant la radio de Téhéran diffuse quelques heures par semaine des programmes en kurde. Les publications autorisées périodiquement. Ces dernières années certaines œuvres littéraires kurdes ont été publiées, comme *Divân* (Recueil de poésies), *Serwe* (Vent du matin), *Nûseri çiya* (Ecrivain des montagnes) publié par Mohsen Shahsevari. Les Iraniens disent que les langues kurde et persane sont proches et appartiennent à la même famille. Ils considèrent les Kurdes comme une minorité parmi les autres, à côté des Azéris, des Baloutches, des Persans.

En Irak, selon les périodes de guerre et de paix la langue kurde a été tolérée, reconnue officiellement ou interdite. C'est seulement depuis 1970 que le dialecte kurde sorani a été

[21] Nurettin Zaza, *Ma Vie de Kurde*, Genève, Labor et Fides, 1982, p. 81.

autorisé, enseigné et publié, alors que le dialecte kurmanci était toujours interdit. Traditionnellement les Kurmancs vivent dans la région contrôlée par Barzani, les Sorans dans la région contrôlée par Talabani. Certains hommes politiques kurdes prétendent que c'est une ruse du gouvernement irakien pour semer la division entre Kurdes d'Irak.

Depuis que la zone Nord de l'Irak est contrôlée par les Kurdes, la situation a complètement changé, l'enseignement se fait en langue kurde et il existe des radios, des télévisions et une presse en kurde qui favorisent la diffusion de cette langue. Cependant, depuis 1991, plusieurs colloques ou séminaires ont été organisés par les linguistes, dans plusieurs villes d'Europe pour établir un alphabet unique. L'alphabet latin a été choisi car les Kurdes d'Iran et d'Irak habitant en Europe le connaissent déjà. Depuis, de nombreux essais et romans en langue kurde ont été publiés.

En Turquie, l'alphabet latin, dit hawar, est utilisé pour écrire le kurde. Mais depuis la création de l'Etat turc moderne en 1923, un arsenal répressif a interdit l'utilisation de la langue kurde ce qui a conduit à développer la transmission orale de la culture et de la langue. Les autorités turques n'ont pas manqué de tenter de briser les relations familiales. Ainsi, dans le système éducatif turc on inculque chez les jeunes Kurdes des principes selon lesquels ils doivent parler la langue turque pour être civilisé. L'enfant kurde qui apprend à parler turc sera donc considéré comme civilisé, alors que ses parents sont incultes, car ils ne parlent que le kurde. La négation de ses origines, la honte de sa culture prennent leur source dans cette politique[22].

A ce propos, le Ministre des affaires étrangères turc, Tewfiq Rushdi Bey, déclarait à l'Ambassadeur de Grande Bretagne en Turquie, Clark, en 1926, au cours d'un dîner officiel à Ankara :

---

[22] Pour le Kémalisme, seule une Nation peut accéder à la "civilisation universelle", la question culturelle est décisive et cela rentre dans la catégorie des problèmes nés de l'Etat-Nation.

« (...) Le temps des groupes de Nations, sinon des empires, est revenu. Une indépendance séparée pour de petites Nations d'un ou deux millions d'habitants est impossible. Les Kurdes sont aussi inévitablement condamnés. Mais dans leur cas, leur niveau culturel est si bas, leur mentalité tellement arriérée qu'ils ne peuvent tout simplement pas être assimilés dans le corps politique général de la Turquie. Comme les Hindous de l'Amérique (Clark note que le Ministre voulait probablement dire les Indiens, les Peaux-Rouges) ils disparaîtront, n'étant pas adaptés économiquement à la lutte pour la vie, en concurrence avec les Turcs plus avancés et plus cultivés qui seront établis dans les districts kurdes. »[23]

Toutefois, depuis le 25 janvier 1991, avec l'internationalisation du problème kurde suite à la guerre du Golfe et la montée du mouvement du PKK en Turquie, le gouvernement turc a aboli la loi sur la langue kurde[24].

---

[23] Chris Kutschera, *Le mouvement national kurde, op. cit.* , 1979, p. 89.

[24] L'article 26 de la Constitution turque de 1982 portant sur la liberté d'expression apporte à celle-ci la restriction suivante :

"(...) Aucune langue ayant été interdite par la loi ne peut être utilisée pour exprimer et propager des pensées. Les feuilles écrites ou imprimées, les disques, les bandes sonores et visuelles et les autres instruments et équipements servant à l'expression qui violent cette interdiction seront saisis en vertu d'une décision dûment rendue par un juge, ou, dans les cas où un délai serait préjudiciable, en vertu d'un ordre de l'autorité habilitée par la loi"

Une loi spécifique sur les langues interdites a été promulguée, en octobre 1983, pour bannir toute expression culturelle kurde. Les principaux passages de cette loi sans précédent dans les annales juridiques européennes sont les suivants : Article 2 :

" Il est interdit d'exprimer, de diffuser et de publier des opinions dans toutes langues officielles des Etats reconnus par l'Etat turc" (...).

Cette disposition vise principalement le kurde, qui depuis les accords du 11 mars 1970, est la deuxième langue officielle de l'Irak. Le législateur turc veut ainsi empêcher l'introduction et la diffusion en Turquie des publications en langue kurde éditées en Irak. Article 3 :

"La langue maternelle des citoyens turcs est le turc. Il est interdit a) d'utiliser comme langue maternelle d'autres langues que le turc et de se livrer à toute activité visant à la diffusion de ces langues; b) de porter, dans les réunions et les manifestations, des affiches, des pancartes, des calicots, des écriteaux et choses similaires rédigés dans une langue autre que le turc, y compris les langues non interdites par cette loi (...)".

En outre, 1992 a vu la diffusion d'un hebdomadaire en langue kurde, *Welat* (Le Pays), mais plusieurs journalistes et employés de cet hebdomadaire ont été arrêtés et torturés pour propagande séparatiste. Cinq d'entre eux ont même été assassinés par des « inconnus » (entre 1992-1994). L'hebdomadaire a dû payer des amendes considérables, a vu ses biens confisqués par l'Etat et a été fermé début 1994. Il a reparu en octobre 1994 sous le nom *Welate Me* (Notre Pays). Mais ainsi, bien que la répression continue, une porte s'est ouverte sur l'utilisation de la langue kurde[25].

Religion

La religion chez les Kurdes a toujours été dans l'histoire source de malentendus avec leurs voisins. Certains les ont traités d'intégristes comme Atatürk, d'autres les accusent d'être athées ou d'être des fils du diable comme Khomeyni Pour éclaircir ce problème, nous avons décidé de retracer l'histoire de la religion

---

Pourtant, l'article 38 du Traité de Lausanne concernant les minorités prévoit :

"(...) Il ne sera édicté aucune restriction contre le libre usage pour tout ressortissant turc d'une langue quelconque, soit dans les relations privées ou de commerce, soit en matière de religion, de presse ou de publications de toute nature, soit dans les réunions publiques. Nonobstant l'existence de la langue officielle, des facilités appropriées seront données aux ressortissants turcs de langue autre que le turc, pour l'usage oral de leur langue devant les tribunaux."

(Document diplomatique, Ministère des Affaires Etrangères, conférence de Lausanne, Imprimerie Nationale, tome 1, p 356). Mais aucun pays signataire n'a manifesté contre cette violation du Traité de Lausanne. Notons tout de même que le Traité de Lausanne ne considérait pas les Kurdes comme une minorité.

[25] Cette autorisation est limitée, ce qui est même dénoncé par certains journaux turcs. Par exemple l'éditorialiste de quotidien turc *Hürriyet*, Oktay Eksi, écrit à ce propos :

"La décision de suppression de l'interdiction de cette langue, comme chacun sait, a été prise dans les jours chauds de la crise du Golfe. Selon le Parti de la Mère Patrie, ils ont libéré le kurde. On peut parler cette langue dans une conférence, mais la conférence ne doit pas être politique. Dans un meeting, les affiches doivent figurer seulement en turc. Vous dites que ceci est autorisé et non cela. Donc en fait, ils ne peuvent pas parler leur langue ?"

chez les Kurdes. Ces derniers ne sont pas divisés entre laïcs et islamistes probablement parce qu'ils n'ont jamais disposé d'un Etat-Nation. Les Kurdes laïcs et les Kurdes croyants se sont toujours respectés. C'est pourquoi le pouvoir des hommes religieux ne s'étendit pas autant que celui des chefs de tribu (les Aghas).

Le première religion des Mèdes, ancêtres des Kurdes, a été le Mazdéisme. Les Mèdes adoraient les forces de la nature, en particulier le feu, symbole de la lutte contre les forces du mal. Leur Dieu s'appelait Ahura Muzd, « le créateur absolu » ou « le Seigneur sage ». Puis le Zoroastrisme (Zerdosh en kurde) a réformé cette religion mazdéenne qui est devenue la religion des principautés kurdes sous la dynastie perse des Sassanides (224-652). Cette religion eut un grand essor et se répandit jusqu'en Inde. L'importance du Zoroastrisme réside dans son principe de dualisme entre le bien et le mal. Les prédictions de Zerdecht étaient des œuvres lyriques conservées dans le livre sacré « Zend-Avesta ». Les religions juive, chrétienne et islamique s'inspirent de ce dualisme. Cette religion considère le feu ("agir" en kurde) comme le « symbole de la justice contre le mal »[26]. D'ailleurs, à l'occasion de leur fête nationale, non religieuse, *Newroz*, (Le nouveau jour, 21 mars), les Kurdes allument de grands feux pour symboliser leur lutte contre l'oppression. Aujourd'hui, des adeptes de Zoroastre se trouvent au centre de l'Iran (Gerbes), et en Inde (Parsis, à Bombay).

L'islamisation des Kurdes a eu lieu au IXe siècle, à la suite des guerres et des conquêtes arabes dans la région. Leur conversion forcée à l'Islam est rappelée par un poème inscrit sur une amulette trouvée à Sulemaniya, et citée par Basile Nikitine :

« Les Temples d'Orhrmazd sont démolis...
Les feux sont éteints...
Les cruels Arabes ont mis les Kurdes en déroute... »[27]

---

[26] Duchesne-Guillenin, *Religions de l'Orient*, (ancienne collection Je sais, je crois, n° 141), p. 103.

[27] Basile Nikitine, *Une Apologie du Sunnisme*, cité par Christiane More, *Les Kurdes aujourd'hui*, Paris, L'Harmattan, 1984, p 36.

L'islamisation a touché tout d'abord les nobles, les Emirs, les chefs tribaux, (pour qui il fallait adopter cette religion pour devenir Bey ou émir), puis le peuple enfin.

Dans leur immense majorité (80%), les Kurdes sont musulmans, de confession sunnite et de rite chaféite (12% de Chiites et d'Alevis)[28]. Ils se distinguent ainsi de leurs voisins arabes et turcs qui sont en général de rite hanéfite, ou des Turcs Azéris et des Persans qui sont chiites. Chez les Kurdes sunnites, il n'existe pas de hiérarchie religieuse comme chez les Chiites. On trouve aussi certaines confréries kurdes (tarikat) comme les Qadiri, les Nakchibandi, les Ahl'el Haqq (détenteurs de la vérité), appelés aussi Ali ilahi (ceux qui croient en la divinité de l'imam Ali) qui seraient des extrémistes chiites. Ceux-ci vivent au sud de la région kurde.

Il est fort probable que les Qadiriya et surtout les Nakchibandiya[29] ont joué un rôle important, du fait que leur rayon d'action était plus large que celui des principautés, au XIXe siècle et au début du XXe siècle, notamment lors des révoltes kurdes comme celle des Barzani en 1932, celle de Cheikh Saïd en Turquie en 1925 et celle de Qazi Mohamed en

---

[28] A la différence de la confession Chiite qui repose sur les imams pour interpréter et prolonger la révélation contenue dans le Coran, les Sunnites considèrent que tout est déjà contenu dans celui-ci et le sunna (coutume) du prophète. Des écoles d'interprétation morale et juridique dont sont issus les Ulémas se sont, de ce fait, développées dans le rite sunnite : l'école chaféite prône un raisonnement par stricte analogie, tandis que l'école hanefite accorde plus de place à la liberté d'interprétation personnelle.
Cf : Chris Kutschera, *Le Défi Kurde, op, cit,* p. 286.

[29] *Qadiriya* : confrérie fondée par le Kurde Abd-al Kadir al-Gilani (1078-1166). La famille Talabani en fait notamment partie. Elle s'est implantée chez les Kurdes depuis la fin du XIIIe siècle.
Nakchibendiya : confrérie fondée au XIVe siècle, mais qui ne se répandit chez les Kurdes qu'au début du XIXe siècle (1811). Aujourd'hui, elle est la plus puissante des confréries. Parmi les familles les plus connues qui y adhèrent, signalons la famille Barzani (qui était membre auparavant de la confrérie Qâdiriya).

Iran en 1946[30]. Mais ces Tarikat ont pu aussi s'opposer aux révoltes kurdes déclenchées par d'autres confréries au nom de la défense du Calife ou de l'Islam. Ces confréries kurdes ont connu un regain d'activité à partir des années 1980, période au cours de laquelle la tempête de la révolution islamique d'Iran a influencé la plupart des pays musulmans.

> « L'autorité politique ainsi acquise, ajoutée à l'ascendant spirituel des cheikhs - qui par ailleurs sont de grands propriétaires fonciers et ont donc un pouvoir économique incontestable - avait considérablement renforcé leur emprise sur la paysannerie. Au fil des ans, ce pouvoir s'est désagrégé par suite des mutations socio-économiques intervenues dans la société kurde. Devenus aux yeux des masses complices de l'autorité politique, les chefs religieux voient à présent leur pouvoir économique et spirituel contesté. »[31]

Contrairement à ce qui se déroule en Turquie, ces confréries exercent actuellement une influence non négligeable chez les Kurdes d'Iran et d'Irak. Chaque Cheikh a ses fidèles (murides) qui lui rendent visite chaque année et lui apportent un cadeau en échange de sa bénédiction. Ces familles de Cheikhs ont également une influence politique, comme c'est le cas pour les familles Barzani et Talabani[32].

---

[30] Rappelons que Basile Nikitine, voyageur et consul russe dans la région dans les années trente, ne parle que de façon sommaire (p. 213-217) de ces confréries dans son ouvrage sociologique "Les Kurdes", publié en 1956, alors même qu'il est considéré à juste raison comme un des auteurs les plus sérieux sur le sujet. A notre avis, ceci signifie que ces confréries n'étaient pas aussi influentes que certains auteurs le prétendent.

[31] Gérard Chaliand (dir.), *Les Kurdes et le Kurdistan*, Paris, Maspero, p 76.

[32] Ce contraste est lié à l'histoire de la République de Turquie. En effet, l'abolition du Calife, la fermeture de "tekke", la séparation des affaires religieuses et des affaires d'Etat, la fermeture des écoles coraniques et l'élimination d'un nombre important de chefs de "tarikat" aussi bien chez les Turcs que chez les Kurdes ont fortement affaibli les confréries, à un tel point que le changement de langue (de l'arabe en turc) pour la prière, n'a conduit à aucune réaction de la part de ces confréries jusque dans les années 50. Ces confréries ont tout de même contribué à faire élire le Premier Ministre Menderes, en 1950 qui mit fin au système de parti unique d'Atatürk.

Tous les Kurdes musulmans ne sont pas sunnites de rite chaféite; il existe une minorité d'Alevis, des Chiites et des Yezidis. Les Alevis divinisent Ali, gendre du prophète. On estime aujourd'hui l'ensemble des Alevis, Turcs et Kurdes confondus, à 15 millions, dont une grande majorité de Turcs, (à Tokat, Corum, Dersim, Elazig, Maras). Les Alevis ne fréquentent pas les mosquées et ne font pas les cinq prières. Ils ne jeûnent pas à la même période que les Sunnites. Ils jeûnent seulement 12 jours contrairement aux sunnites qui jeûnent 30 jours. Pour eux le Coran n'est pas un livre sacré. Leurs lieux de culte s'appellent des "Cem evi", ils y dansent, hommes et femmes ensemble, en jouant du saz (témboure en kurde) et chantent des chants qui évoquent la mort des petits-fils d'Ali, Hassan et Hussein. Ils ne pratiquent pas le ramadan et ont leur propre fête, dite des douze Imams. Beaucoup parlent le dialecte zaza. Leurs structures sont comparables à celle des Sunnites. Leurs dignitaires sont les Dédé, Pir, et Seyids qui jouent un rôle analogue à celui des Cheikhs. Depuis le Sultan Selim, on les appelle également les Kizilbaches.

Les Kurdes chiites vivent dans le sud-ouest iranien, dans la région de Kermanchah et du Loristan. Ils sont peu nombreux en Irak (les Kurdes fayli ont été déportés de force vers l'Iran au début de la guerre Iran-Irak car ils étaient chiites). En Iran, 75% des Kurdes sont sunnites et 25% chiites.

Un nombre important de Kurdes pratique la religion Yezidi (ou Ezidi en kurde). Cette religion qui est la moins connue mérite une description. Les Yezidis seraient des disciples de Cheikh Adil (1073-1162), musulman né à Baelbek au Liban et qui étudia à Bagdad avant de se retirer dans la région kurde. Son tombeau, au sud de Dahok, est devenu le lieu saint des Yezidis qui y font un pèlerinage chaque année en octobre. La religion des Yezidis correspond à un mélange de croyances zoroastriennes, musulmanes (la circoncision et le jeûne), et chrétiennes (le baptême et le fractionnement du pain). Selon les Yezidis, Dieu est le créateur du Monde et de "Melek Tawus" (l'ange paon), et le chef des sept anges qui existent dans différentes croyances. Cette interprétation contredit celle des trois religions monothéistes qui voient cet ange comme désobéissant et rejeté de Dieu. Cette religion est pratiquée approximativement par quelques 200 000 personnes vivant essentiellement dans la région de Mossoul en Irak, Mardin en Turquie et dans la région kurde en Syrie. Si nous ne connaissons pas le nombre exact de Yezidis, du fait des persécutions qu'ils ont subi et qui les ont conduits à renier leur religion, Basile Nikitine nous a fourni quant à lui quelques indications relatives aux années quarante et cinquante :

> « Les Yezidis habitent dans le district de Cheikhân (région de Mossoul), sur le Djebel Sindjâr, à 160 km à l'ouest de Mossoul, dans la région de Diyarbakir, d'Alep, en Arménie soviétique et près de Tiflis en Géorgie. Leur nombre approximatif ne doit guère dépasser en tout 60 000- 70 000 individus, alors que ce peuple pouvait encore compter , il y a un demi siècle, 120 000 - 150 000 individus »[33].

Aujourd'hui les chiffres varient d'une source à l'autre. Selon l'organisation, la « Société pour les peuples menacées » 300 000 Yezidis vivaient en Irak en 1993, 5 000 en Iran, 5 000 en Turquie et environ 110 000 séjournaient en Europe. Aujourd'hui la majorité des Yezidis de Turquie ont émigré vers l'Europe, en particulier en Allemagne. Cette diminution du nombre des Yezidis, n'a pas eu pour cause les massacres, mais tient plutôt dans le renoncement à leur religion méprisée par les musulmans sunnites rigoureux et sous l'influence des Cheikhs. On pourrait penser que cette diminution de leur nombre tient à ce qu'ils ont pu se convertir à l'Islam ou garder secrète leur appartenance religieuse.

REPARTITION	
Sunnites	80 %
Chiites et Alevis	12 %
Yezidis	5 %
Chrétiens - Orthodoxes - Juifs	3 %

Source : Courrier de l'ACAT, Avril 1990, n°104.

[33] Basile Nikitine, *Les Kurdes*, *op. cit.*, p. 225.

Cependant, plusieurs centaines de milliers de Kurdes chrétiens (Assyriens, Chaldéens et Nestoriens[34]) vivent encore, à Urmiya en Iran, et à Mossoul et Erbil en Irak. Sur les 105 sièges qui composent l'Assemblée Nationale des Kurdes d'Irak, 5 sièges étaient réservés en 1993 à des Kurdes chrétiens[35].

---

[34] Nestoriens : Chrétiens de la Mésopotamie qui ont adopté la doctrine de Nestorius professant qu'il y a deux personnes et deux natures dans le Christ. Cette doctrine fut condamnée en 431 au concile d'Ephèse.
Assyriens : ce sont les héritiers du pays d'Assur et de Chaldée. Ils descendent des Nestoriens de la Mésopotamie. Leur nombre dépasse aujourd'hui un demi million. La majorité des Assyriens chrétiens vivent en Irak et aux Etats-Unis. Ils parlent la langue araméenne moderne, le soureth.
Chaldéens : habitants du pays d'Assur et de Chaldée, descendants des Nestoriens de la Mésopotamie. Ils passent au catholicisme après le XVIe siècle. Leur nombre dépasse un million. Les Chaldéens chrétiens vivent surtout en Irak, ils parlent le soureth.
[35] 971 953 personnes ont participé aux élections du 19 mai 1992 (Votes valides : 967 229, votes nuls : 4 724)

	Voix	%
Parti démocratique du Kurdistan (PDK)	437 879	45,27
Union patriotique du Kurdistan (UPK)	423 833	43,82
Mouvement islamique de libération (MIL)	49 108	5,08
Parti socialiste et Pasok (PSK)	24 822	2,57
Parti communiste d'Irak (PSI)	21 123	2,18
Parti populaire démocratique du Kurdistan (PPDK)	9 903	1,02
Indépendants (IND)	501	0,05

"Seuls le PDK et l'UPK ont pu franchir la barre de 7% des suffrages exprimés nécessaires pour être représentés au Parlement. En principe, 51 sièges devaient revenir au PDK, 49 sièges à l'UPK, 4 au Mouvement démocratique assyrien et 1 l'Union chrétienne. Finalement les deux grands partis ont convenu, dans un esprit de fraternité d'avoir la parité avec chacun 50 sièges au Parlement, lequel doit être présidé par un député du PDK. Sur les 105 membres de l'Assemblée, les femmes ne sont que 6. 65 parlementaires sont diplômés de l'université, dont 12 titulaires de doctorat. Les enseignants 33, les ingénieurs 11, et les juristes 17, constituent les catégories socio-professionnelles les plus nombreuses. 72% des parlementaires Kurdes ont moins de 40 ans".
Cf. Institut kurde de Paris, Bulletin de liaison et d'information, n°86, mai

En effet la région kurde abrite différentes communautés et religions depuis des siècles. Bien qu'il soit arrivé certains événements malheureux, les Kurdes chrétiens ont joué un rôle important dans le mouvement national kurde. Par exemple Paul Beddri, chorévêque chaldéen, fut membre de conseil du commandement suprême de la révolution kurde en Irak sous la direction de Moustafa Barzani. Cette fraternité Assyro-kurde n'était pas nouvelle. Déjà dans les années cinquante, l'article 21 des statuts du PDK affirmait :

> « Les droits culturels, économiques et sociaux des minorités ethniques vivant dans le Kurdistan, comme nos *frères les Assyriens*, les Turcmènes, les Arméniens, etc..., doivent être garantis, et cela en construisant des écoles propres à ces minorités, en faisant renaître leur patrimoine national progressiste, en sauvegardant leurs intérêts et en assurant leur complète égalité avec *leurs frères Kurdes* dans tous les domaines de la vie politique, économique, sociale et culturelle. »[36]

Cependant une minorité de Juifs kurdes qui habitaient en Irak jusqu'en 1950 sont partis en Israël. Ils conservent encore de nos jours leurs coutumes, traditions, danses et langue kurdes[37].

1992, p2-3 (extrait). Cité dans Hamit Bozarslan, *La question kurde, Problèmes politiques et sociaux*, (La documentation française), N°709, 20 août 1993, p. 35.

[36] Cf. Jean-Pierre Viennot, *Le mouvement national kurde*, Revue Orient, n°32-33, 1965, p. 39.

[37] Concernant les Kurdes juifs, voir, Claudine Cohen, *Grandir au quartier kurde. Rapports de générations et modèles culturels d'adolescents israéliens d'origine kurde*, Paris, Institut d'ethnologie, Musée de l'homme, 1975.

Chapitre 2 - L'Origine du problème kurde

Raisons Externes

La question kurde s'est posée pour la première fois lors des partages des régions habitées par les Kurdes entre l'Empire ottoman et de l'Empire safavide, en 1514. Chacun de ces empires tentait de les intégrer dans son camp, tout en ayant conscience du danger qu'ils représentaient pour eux. Depuis la deuxième moitié du XIXe siècle, les Kurdes se sont révoltés contre les autorités centrales à plusieurs reprises. Cette volonté de s'affirmer spécifiquement vis-à-vis des autres peuples Perses et Ottomans a été une source de méfiance réciproque[38]. Pour faire face à ce danger les Perses et les Ottomans, surtout l'Iran, l'Irak et la Turquie n'ont pas hésité à se rapprocher. Les traités bilatéraux et multilatéraux établis après le partage des zones habitées par les Kurdes à la fin de la Première Guerre mondiale représentent la forme la plus concrète de cet état de fait. Les textes les plus connus sont le Pacte de Saadabad de 1937 entre la Turquie, l'Iran, l'Irak et le Pakistan et le Pacte de Bagdad de 1956 entre la Turquie, l'Irak et l'Iran, sous l'égide de la Grande-Bretagne et des Etats-Unis. Depuis, plusieurs traités relatifs aux Kurdes ont été signés entre ces pays, ouvertement ou secrètement. Deux raisons principales contribuent à ce raisonnement pour faire face au danger kurde dans cette région.

[38] Aujourd'hui, les Turcs font plus confiance aux populations d'origine turque (Azéris, Turkmènes...) qu'à leurs autres voisins (Arabes, Perses, Russes, Grecs, Bulgares) qu'ils considèrent comme des ennemis potentiels. Deux dictons turcs très réputés disent : *Türk'ün Türkten baska dostu yok* (Il n'y a que les Turcs qui sont les amis des Turcs) et *Türkiye'nin dört tarafi düsmanlarla çevrilmis* (La Turquie est entourée d'ennemis).

Appartenance du peuple kurde

Les Kurdes forment un peuple spécifique au Moyen-Orient, différent, par leur langue, leur culture et leurs traditions, des peuples arabe, perse ou turc. Ils ont été très souvent malmenés dans les pays dans lesquels ils vivent (Turquie, Irak, Iran, et Syrie). Les Kurdes ne purent généralement obtenir une aide extérieure lorsqu'ils furent confrontés à leurs pays voisins. Cette aide ne s'est réalisée que dans le cas où un Etat voisin voulait affaiblir un autre Etat voisin[39]. Les intérêts politiques et économiques entre la Turquie, l'Iran, l'Irak, la Syrie et l'Occident ne permettent pas aux Kurdes de sortir de leur isolement. L'action de l'ONU qui a conduit, après la guerre du Golfe, à l'établissement d'une zone de protection au Nord de l'Irak constitue l'unique cas où cet isolement a été brisé.

Un carrefour de conflits

Par leur situation géographique, les régions kurdes ont subi successivement des guerres et des partages, d'abord entre les Empires ottoman, perse, russe, puis entre, l'Irak, la Turquie et la Syrie. Déjà au XVIIIe siècle le poète kurde Ahmédé Khané (1651-1695) écrivait :

---

[39] Les formes et les degrés d'oppression changent d'un pays à l'autre. Elles peuvent donner lieu à des massacres, exécutions sommaires, emprisonnements, déportations, tortures systématiques, discriminations culturelles ou économiques... Les Kurdes peuvent aussi subir des discrimination à l'embauche, ou manquer d'aide lors de catastrophes naturelles. Pendant les périodes d'hostilité chacun de ces pays aide les Kurdes qui se trouvent dans un des quatre pays voisins, dans le but d'affaiblir son adversaire. Par exemple la Syrie aide les Kurdes de Turquie afin d'obtenir de la Turquie des concessions relatives à l'eau de l'Euphrate. L'Iran aidait les Kurdes d'Irak pendant et aussi après la guerre Iran-Irak et l'Irak aidait les Kurdes d'Iran.

« (...) Toutes les fois que les Arabes et les Turcs se mobilisent, ce sont les Kurdes qui baignent dans le sang (...) »[40].

Même si les Kurdes n'étaient pas partie prenante dans ces guerres, ils furent affectés par celles-ci, en raison de leur situation géographique[41]. Lorsqu'ils étaient placés au centre d'affrontements auxquels ils ne participaient pas, ces guerres successives rendaient difficiles la possibilité de mener une vie stable, puisque à chaque fois les biens des populations kurdes étaient détruits ou pillés. Pour limiter ces pertes de vies et de biens qui engendraient la pauvreté, les Kurdes se réfugiaient dans les montagnes. Il est ainsi très rare de rencontrer des monuments d'architecture kurde, ils ont été systématiquement démolis au fil des ans.

Pour se protéger des agresseurs, les villes et villages kurdes ont été très souvent construits près des montagnes, plutôt que dans les plaines. Les maisons étaient encastrées dans les flancs des montagnes, leurs fenêtres se trouvaient sur le devant et sur le dessus. Ce fut seulement après la Première Guerre mondiale que des maisons à plus de deux étages furent construites.

Certains spécialistes disent :

« Le mouvement kurde en Irak, entre 1958 et 1975, draine encore et reflète les retards de la société kurde. La direction n'a jamais pu, dans sa vision, se hausser au-dessus de sa propre société tout en entraînant les masses, comme sont parvenues à le faire ailleurs des directions révolutionnaires. (...) Le traditionalisme des valeurs, des mentalités et des comportements n'a pas été jusqu'à présent remplacé par une autre conception, mais par une adaptation relative aux codes de la modernité. Mais la connaissance et l'usage d'un rituel n'engendrent aucun changement réel. Les valeurs profondes continuent à être celles d'hier, tandis que la ruse tactique prétend remplacer l'intelligence politique, les ralliement de clientèles, une mobilisation structurée et quelque slogans révolutionnaires, une

[40] Basile Nikitine, *Les Kurdes..*, *op. cit.*, p 179.

[41] Il arrive parfois que les Kurdes soient partie prenante en combattant les "gavours" et leurs alliés supposés ou rivaux (Arméniens) pour le compte ottoman ou qu'ils profitent du fait que l'Empire soit en guerre pour tenter de reprendre leur "autonomie" passée.

pratique (...) En plus d'un sévère handicap géopolitique, ce point est crucial et rend compte de la faiblesse majeure du mouvement national kurde, le retard de ses élites, l'héritage historique qui pèse sur le destin national et perpétue la crise de la société kurde (...). Qualitativement et quantitativement l'intelligentsia moderniste en majorité d'origine petite-bourgeoise en cette seconde moitié du siècle aura marqué le mouvement kurde; lorsqu'ils étaient présents, ces éléments sont restés sans pouvoir. Ils devraient jouer, à condition de savoir se lier aux masses, un rôle décisif dans la prochaine phase du mouvement national »[42].

Il est probable que la responsabilité des dirigeants et des élites kurdes n'a pas été négligeable. Le basculement du mouvement kurde selon les circonstances et les relations tribales les ont empêchés d'avoir des buts clairement indiqués.

Les élites modernes se formaient dans l'Empire, puis, avec la construction des nouveaux Etats turc et irakien, coupés de leur pays, leur avenir a été plutôt dans la modernisation.

Ce phénomène a pris moins d'importance dans les années soixante-dix.

Il s'est même inversé depuis les années quatre-vingt, la plupart des élites d'origine kurde clament leur origine haut et fort.

L'exemple le plus représentatif est celui de l'écrivain Yasar Kemal qui n'avait pas revendiqué en public son origine kurde et qui depuis les années quatre-vingt-dix, la défend à chaque conférence de presse et dans ses écrits[43].

---

[42] Gérard Chaliand (dir.), *Les Kurdes et Le Kurdistan*, *op. cit.*, p. 28.

[43] Yasar Kemal a été condamné pour ses écrits (en turc) en faveur du séparatisme. Nous reproduisons l'extrait d'un de ses articles publié dans la revue allemande *Der Spiegel* le 9 janvier 1995 :"Depuis le jour de sa fondation, en 1923, jusqu'à aujourd'hui, la République turque a développé un système de contrainte et de cruauté intolérable. Elle a tenté de le faire avec un art tout oriental de la dissimulation et du double langage, pour tromper les regards de l'humanité. Elle a exercé une telle tyrannie sur le peuple anatolien que celui-ci a désiré mille fois le retour à l'autocratie ottomane. Pas un villageois, femme ou fillette, kurde, turc, ou laz qui n'ait enduré le knout du gendarme avant l'instauration du système pluripartite en 1946..."

Les richesses naturelles

Les richesses naturelles des régions kurdes, situées à des points stratégiques, ont souvent été convoitées par les pays de la région et les pays colonialistes. Le pétrole en constitue une des plus importante. On en trouve surtout dans le bassin de Kirkouk en Irak, de Batman et Siirt en Turquie, de Cezire en Syrie et aussi en Iran. Les 2/3 du pétrole irakien sont exploités au Nord de l'Irak. C'est avant la Première Guerre mondiale que les Britanniques ont découvert du pétrole dans les bassins de Kirkouk et de Mossoul. Cette richesse, comme nous l'avons déjà expliqué dans le chapitre précédent a attiré les Britanniques pour prendre sous leur mandat cette zone kurde. Après avoir conclu des accords en leur faveur concernant le pétrole, les Britanniques participeront plus tard à la création de l'Irak indépendant. En Irak, c'est une autre politique qui est suivie. Alors que la population arabe est amenée dans certaines villes (Kirkouk) des régions kurdes, une partie de la population kurde est déplacée dans des zones désertiques. C'est pourquoi l'industrie est plus développée dans les régions kurdes d'Irak, que dans celles de Turquie, d'Iran et de Syrie. Depuis 1990 une autre politique est appliquée en Turquie : des villages sont systématiquement détruits et des populations ont été contraintes de se déplacer vers l'ouest. Mais si le pétrole au XXe siècle a été un objet de rivalité important, l'eau pourrait devenir un enjeu central au XXIe siècle. Actuellement, l'eau représente un grand enjeu au Moyen-Orient.

Les différentes zones kurdes sont en effet riches en cours d'eau qui alimentent à la fois la Turquie, la Syrie et l'Irak. L'Euphrate, le Tigre, le Grand Zap et le Petit Zap qui prennent leur source dans ces régions kurdes irriguent tous ces pays. Au-delà du contentieux historique sur Alexandrette (Hatay) que la Syrie revendique depuis son annexion en 1938, l'Irak et la Syrie ont toujours été opposés aux constructions successives de barrages sur ces deux fleuves, ce qui a retardé ce projet[44].

La Turquie a en effet construit plusieurs barrages capables de diminuer, voire d'arrêter le débit de ces fleuves. Ils sont à l'origine de bon nombre de contentieux entre d'une part la Turquie, et d'autre part la Syrie et l'Irak. Cet atout est stratégique pour la Turquie qui dans certaines occasions, fait pression sur ses voisins irakiens et syriens en retenant le débit d'eau. Ceci a pu générer des conflits aigus surtout en été. Ainsi, la Turquie a exercé cette pression en mai 1992, contre la Syrie qui tolérait l'existence d'un camp d'entraînement du PKK dans la vallée de la Bekaa. Ceci a conduit la Syrie à fermer ces bases d'entraînement. Cependant, le contentieux relatif au partage de l'eau reste d'actualité.

Selon les spécialistes, si une guerre se déclenche au Moyen-Orient, ce sera en raison du problème posé par l'eau. Marc Kravetz, nous a confié son point de vue qui est que les sources d'eau de la région kurde seront l'enjeu principal pour la paix dans la région pour les années à venir :

> « (...) Je vais vous donner un exemple : il y a un accord entre Israël et la Turquie qui existe déjà sur l'approvisionnement en eau d'Israël. Bon, l'eau c'est une matière première un peu spéciale puisqu'elle ne peut pas se transporter autrement que par des tuyaux, donc pour que ça marche il faut que ça passe à travers la Syrie, et l'eau vient des régions kurdes. Pour que cet accord fonctionne et Israël a terriblement besoin que cet accord fonctionne et pas seulement Israël, une partie de la Syrie, une partie de la Jordanie, tous ces pays là vivent sur des sources qui aujourd'hui marchent encore, mais qui dans dix ans deviendront trop rares pour eux. (...) On peut tout à fait imaginer d'autres sources d'énergie que le pétrole, mais on ne peut pas imaginer une vie terrestre sans eau, et le jour où l'eau deviendra la ressource la plus rare dans cette région en particulier, là il peut y avoir des guerres terribles pour les sources d'eau. On peut imaginer

---

[44]Mais la guerre Iran-Irak a fortement affaibli l'Irak qui a diminué son opposition face à ces barrages. A l'occasion d'une conférence de presse, en octobre 1992, le Président de la République de Turquie Turgut Özal déclarait : "C'est grâce à la guerre Iran-Irak que la Turquie a pu construire ces barrages sur ces deux fleuves".

au contraire qu'il n'y ait pas de guerre du tout et qu'on résolve le problème de l'eau par la coopération, par des échanges, par des traités. (...) On aura besoin de mettre autour d'une table des Kurdes, des Turcs, des Syriens, des Israéliens, des Palestiniens, des Libanais... Ce ne sera pas facile. Tous ces gens seront partie prenante dans un accord. S'il y a une chance d'y arriver dans une société ouverte, il n'y aura aucune chance d'y arriver dans une société en guerre. »[45]

Les lois et traités et les Kurdes

Les pays où vivent les Kurdes ont mis en place des dispositifs législatifs qui punissaient très sévèrement leurs revendications d'identité et de droits[46]. Par ailleurs, plusieurs traités concernant les Kurdes ont été signés entre les Etats voisins. Cet examen de textes juridiques ne doit pas nous induire à penser que la répression s'est constamment appuyée sur des dispositifs légaux. Par exemple, en Turquie, entre 1938 et 1946, des paysans kurdes furent condamnés à payer des amendes pour chaque mot kurde prononcé dans la rue en ville sur le simple témoignage de deux personnes. Aucune loi n'interdisait l'usage de la langue kurde en public, alors qu'à cette époque 90% des paysans kurdes ne parlaient pas le turc[47].

---

[45] Entretien avec Marc Kravetz, juin 1996.

[46] Les Lois anti-kurde en Turquie : Article 8 du code pénal, Article 80 du code pénal, Article 125 du code pénal.

Article 5 de la loi no 3713, paragraphe un de la loi du 12 avril 1991 la loi anti-terroriste, le 8 décembre 1994 les députés kurdes sont condamnés de 3 à 15 ans de prison ferme en vertu de cet article "trahison", séparatisme.

Article 5 de la loi no 3713, paragraphe un de la loi du 12 avril 1991 la loi anti-terroriste, le 8 décembre 1994 les députés kurdes sont condamnés de 3 à 15 ans de prison ferme en vertu de cet article "trahison", séparatisme.

[47] Concernant ces punitions voici une anecdote racontée par Musa Anter dans son livre *Hatiralarim* (Mes mémoires), Istanbul, Yön, 1990, p 29-30 :

"(...) A ce sujet, je voudrais donner un autre exemple. Des paysans apportaient du bois à Mardin avec des ânes, chaque charge valait 50 à 60 kurus (centimes). Ceux qui avaient des ânes forts avaient des charges qui valaient 5 à 6 Livres. Lorsque les Kurdes conduisent les ânes, ils disent

Néanmoins, une codification juridique des politiques à l'égard des Kurdes donnaient plus de pouvoir aux autorités. Parmi les lois promulguées, l'une d'elles est assez étonnante. Elle stipule :

> « Les meurtres et actions commis, soit individuellement, soit collectivement, par les représentants de l'Etat ou des provinces, par le personnel militaire ou civil, ou par des personnes les ayant aidés ou ayant agis avec eux, du 20 juin 1930 au 10 décembre 1930, dans la poursuite ou l'extermination des révoltes qui ont eu lieu à Ercis, Zilan, Agri Dagh (Ararat) et aux environs, incluant la région de la première inspection et le district de Pulumur dans la Province d'Erzincan, ne seront pas considérés comme des crimes. »[48]

En Irak, la guerre, les révoltes et les amnisties se sont succédées depuis 1930. Si elles pouvaient parfois être autorisées, les revendications kurdes, même culturelles, étaient le plus souvent sévèrement réprimées. Nous avons reproduit certains textes de loi et des recommandations concernant la répression des Kurdes en Irak en annexes 8, 9, 11, 13.

Des traités ont aussi été signés entre les pays. Selon les pays signataires, ces traités avaient pour but, d'assurer la sécurité dans la région et aux frontières. Si les Kurdes n'étaient pas toujours mentionnés en tant que tels, les termes employés tels que bandes armées, organisations clandestines, les concernaient

---

"tcho" (hue, en kurde). Ces pauvres gens ignorants qui ne savaient pas le turc se faisaient ainsi piéger par les gendarmes qui les attrapaient et les maltraitaient. Les paysans qui se défendaient alors en langue kurde ne savaient pas qu'ils commettaient un nouveau délit. L'un de ces paysans était l'oncle de ma mère. Il avait vendu son bois pour 5 Livres alors que la contravention qui lui était infligée pour avoir parlé kurde s'élevait à 12 Livres. De plus il fût incarcéré deux jours au cours desquels il fût violemment torturé. Après trois mois et demi le percepteur est venu pour récupérer la différence qui s'élevait à 7 Livres. Faute de pouvoir payer, une perquisition était prévue. Bien sur, le percepteur était accompagné des gendarmes. Notre oncle a alors vendu trois ou quatre chèvres afin de payer ses dettes. Un tel événement ne concernait pas seulement notre oncle, il s'agissait d'une procédure courante. Si à Mardin les archives de ces années là existent encore, il doit s'y trouver nombre de ces dossiers honteux."

[48] Cf. *Journal officiel turc* du 29 juillet 1931, article 1er.

directement.

Les premiers traités visant les Kurdes parurent à l'époque des Empires ottoman et perse. Un des premiers traités fut signé le 28 juillet 1823. Son article 3 stipulait :

> « Si les tribus kurdes de Hairaralou (Haidaranlou) et de Sikbikli, qui ont donné occasion aux différends entre les deux hautes puissances, (...) si ces tribus ne renoncent pas à faire des invasions sur le territoire persan ou à l'inquiéter et que les autorités des frontières ne puissent pas y mettre ordre, le gouvernement ottoman leur retirera alors sa protection. (...) Si les tribus retournées en Perse troublaient la tranquillité du territoire ottoman, les autorités persanes seront tenues d'employer tous les moyens pour empêcher ces excès »[49].

Il fallut attendre le démembrement de l'empire ottoman pour que des traités évoquant les Kurdes soient signés plus fréquemment entre les nouveaux Etats de la région. Le 6 juin 1926 un traité fut signé entre l'Irak qui était sous protectorat britannique et la Turquie. L'article 12 de ce traité prévoyait les dispositions suivantes :

> « Les fonctionnaires et les responsables turcs et irakiens ne doivent pas avoir de contacts politiques avec les chefs tribaux, les Cheikhs et les autres personnalités. Chaque Etat, réciproquement, ne doit pas permettre la propagande et la création de partis secrets. Chaque Etat doit faire face à tous les bandits, les bandes armées et les individus armés, etc... »

Le 8 juillet 1937, un pacte de sécurité mutuelle fut signé sous les auspices de la Grande-Bretagne entre la Turquie, l'Irak, le Pakistan et l'Iran. Le pacte, fut nommé le pacte de Saadabad car il avait été signé dans le palais du même nom à Téhéran. L'article 7 de ce pacte prévoyait :

---

[49] Salah Jmor, *L'origine de la question kurde, op. cit.*, p. 32.

« Chacune des hautes parties contractantes s'engage à prévenir, dans ses limites respectives, la formation ou l'action de bandes armées, associations ou organisations pour le renversement des institutions établies, en vue de porter atteinte à l'ordre ou à la sécurité de toute partie, frontalière ou autre, du territoire de l'autre partie ou en vue de porter atteinte au régime du gouvernement de cette autre partie (...). »

Le 23 février 1955, le Pacte de Bagdad fut signé entre la Grande-Bretagne, l'Irak, l'Iran, la Turquie et le Pakistan. Ce traité qui avait été signé pour faire face au danger du communisme, prévoyait l'assistance mutuelle en cas d'agression soviétique et de révoltes intérieures pouvant mettre leur sécurité commune en danger. En cette période de guerre froide, la stabilité de cette région non communiste était primordiale pour les occidentaux qui voulaient empêcher les soviétiques d'atteindre la Méditerranée. Certains articles de ce traité mentionnaient implicitement le danger que les Kurdes représentaient pour les pays de la région . Pour Bernard Vernier :

« Le pacte de Bagdad est un avatar du Pacte de Saadabad signé en 1937 pour réprimer les soulèvements kurdes éventuels de Turquie, d'Iran, l'Irak(...). Nous savons que certaines clauses des pactes de Saadabad et de Bagdad et aussi des traités encore en vigueur, conclus entre l'Irak, la Turquie, l'Iran répondaient ou répondent au souci de parer à une révolte kurde généralisée(...) »[50]

La première application « concrète" du pacte de Bagdad fut la répression du soulèvement kurde de Djiwanroji en Iran, au début de 1956, à laquelle les forces irako-iraniennes prirent part[51]. Une révolte kurde soutenue par le camp soviétique perturbait forcément le statu quo dans cette région. Il fallait donc éviter ce danger potentiel. Rappelons que le leader kurde irakien, Moustafa Barzani (1903-1979), qui avait participé à la création

---

[50] Bernard Vernier, *L'Irak d'aujourd'hui*, *op. cit.*, p. 353 et 360.

[51] Cf. Kendal, Le Kurdistan de Turquie, in Gérard Chaliand (dir.), *Les Kurdes et le Kurdistan*, *op. cit.*, p. 111.

de la république kurde de Mahabat en 1946, était réfugié en URSS. L'idéologie communiste qui prétendait aider les peuples opprimés inspirait des craintes auprès des régimes, iranien, turc, et irakien. Cependant en Irak, deux ans après la signature de ce traité, en 1958, le changement de régime qui se produisit conduisit à un rapprochement avec l'URSS. Le nouveau régime irakien dénonça le traité. Moustafa Barzani qui se trouvait en URSS obtint l'autorisation officielle de regagner l'Irak. En mars 1959, la République irakienne qualifia le pacte « (...) d'agressif et de militaire, et par là d'incompatible avec la politique neutraliste du pays (...) »[52]. Ceci provoqua le changement du nom de ce pacte de Bagdad qui fut dorénavant appelé CENTO (Central Treaty Organisation)[53].

En 1983, un autre traité signé entre l'Irak et la Turquie donna à chacun de ces pays le droit de pénétrer sur le territoire de l'autre, et ce sur une distance de quarante kilomètres pour chasser ses opposants. En 1984 alors que la guerre Iran-Irak se poursuivait le Premier Ministre turc, Turgut Özal, déplora lors d'une déclaration à l'Assemblée Nationale le 18 octobre 1984 que « la poursuite de la guerre entre l'Iran et l'Irak interdise à ces deux pays d'exercer totalement leur autorité dans les régions frontalières à population kurde ». Après 1988, ce type d'intervention se produisit très fréquemment[54].

A notre avis les querelles internes sont plus « efficaces » pour affaiblir voir anéantir l'opposition des Kurdes que ces facteurs externes que nous venons de citer.

---

[52] Bernard Vernier, *L'Irak d'aujourd'hui*, *op. cit.*, p. 224.

[53] Il sera dissous en 1979.

[54] Des traités concernant les Kurdes ont été signés pour une durée limitée. Ils comportent des articles comme "la poursuite des insurgés de l'autre côté de la frontière". Des traités de ce type ont été signés à plusieurs reprises entre la Turquie et l'Irak à partir de la Deuxième Guerre mondiale. Le 17 mars 1946, le correspondant de l'AFP déclarait à ce propos :

"La question kurde est évoquée dans les entretiens irako-turcs, bien que l'on observe ici une grande réserve concernant les mesures à envisager, il est probable que les deux pays se mettraient d'accord pour étouffer dans l'Ouest tout soulèvement kurde qui viendrait à se produire."

Raisons internes

Diviser pour régner : telle semble être l'arme la plus sûre pour gagner, bien que Machiavel dise « il est faux que la désunion soit nécessaire pour y conserver son autorité »[55] . Cette tactique est toujours utilisée aussi bien par les groupes politiques que par les Etats. Les conflits se succèdent depuis plus de deux siècles entre les Kurdes et leurs voisins mais également entre les Kurdes eux-mêmes. L'histoire des Kurdes est riche en affrontements internes. Par exemple, le leader kurde du groupe « Dersim », Ali Sher, a été tué par Reyber, neveu du principal leader de la révolte de Seyid Riza. Reyber avait en effet proclamé sa neutralité, mais collaborait avec les Turcs. D'autre part, selon certaines rumeurs Cheikh Saïd, leader de la révolte de 1925, dont « la tête avait été mise à prix par le gouvernement turc, aurait été trahi par ses proches »[56]. L'opposition de certaines tribus kurdes, Lolan, Zibari et Jaf, contre Barzani, en 1959, au moment où celui-ci était en bonne position pour négocier avec le gouvernement irakien, est un autre exemple des divisions entre Kurdes. De la même manière les luttes entre deux partis kurdes d'Irak (l'UPK et le PDK) de 1966 à 1996 illustrent la désunion qui prévaut chez eux.

Les Kurdes sont de plusieurs religions et confessions : musulmans sunnites et chiites, catholiques, yezidis, etc... La création des Républiques turque et irakienne, constitua un moment clé pour l'essor du nationalisme kurde. Mais ces Etats chercheront à diviser les Kurdes. Déjà en 1929, un ingénieur britannique qui se trouvait sur place, se vit confier dans un entretien avec un chef kurde, Ismail Agha, les tenants de la politique irakienne :

> « (...) Par exemple, on attise la lutte entre les Kurdes et les Assyriens, pour essayer de nous faire entre-tuer. Nous vivons relativement en paix ensemble lorsqu'on nous laisse seuls. (...) Nous

---

[55] Machiavel, *Oeuvres Complètes*, Paris, Gallimard, Discours sur la première décade du Titre-Live, Chapitre XXVII, 1964, p. 678.

[56] Arfa Hassan, *The Kurds*, London, Oxford University Press, 1966, p. 37.

leur ressemblons sur bien des points et nous parlons tous kurde. Avez-vous entendu parler de cette pétition qui a circulé à travers le Kurdistan et qui demandait à tous les musulmans de déclarer la Guerre Sainte aux Assyriens ? Elle a été apportée par un homme de Mossoul. C'était un agent d'un parti politique de Bagdad. Nous à Rewanduz, nous avons compris son projet pervers et avons refusé d'avoir affaire avec lui, mais il se peut que des chefs d'autres districts prêtent attention à des émissaires criminels de ce genre. Vous vous rendez compte, naturellement, des raisons pour lesquelles certains cercles officiels d'Irak détestent si intensément les Assyriens. C'est parce qu'il ont servi comme Levies ("mercenaires") durant la rébellion arabe.(...) ».[57]

Cette bonne entente entre les hommes de différentes religions et de différentes confessions n'a parfois pas pu résister aux provocations externes.

Les affrontements et le manque de solidarité entre Kurdes

Le système de tribus qui prévalait chez les Kurdes générait des conflits permanents. La moindre offense ou provocation appelait une riposte menée par le chef de tribu qui décidait de tout. La réputation de la tribu dépendait de la personnalité de ce chef.

Dans l'Empire ottoman, les « féodaux » kurdes jouaient un rôle important dans les domaines économiques, sociaux et politiques. La création d'un Etat kurde pouvant être une menace pour les intérêts de certains « féodaux », ils préféraient donc collaborer avec les Etats. De même, les pays de la région voulaient pérenniser le système « féodal » kurde. Il leur était plus facile de « tenir » la population en contrôlant un seul homme. Ils donnèrent ainsi le pouvoir à certains chefs « féodaux », ce qui eut pour conséquence de nourrir les divergences et favoriser les vengeances entre Kurdes. De nos jours, des affrontements fréquents sont provoqués ou favorisés

[57] A.M. Hamilton, *Ma route à travers le Kurdistan irakien*, op. cit., p 245.

par les autorités turques, iraniennes et irakiennes. Les autorités turques, par exemple, favorisent certains clans en leur versant un salaire et en leur donnant des armes. La pauvreté dans cette région oblige certains clans à se regrouper autour de leur chef devenu l'intermédiaire entre l'Etat et eux. Le système des protecteurs de village qui sont analysés ultérieurement est basé sur ce principe.

Cette division les empêcha d'avoir un leader unique reconnu et soutenu par tous. Ainsi, en 1925, Cheikh Saïd (chef religieux kurde, de confession sunnite) qui se révolta contre le gouvernement turc, n'a pas été soutenu par tous les clans kurdes de Dersim de confession alevi qui souffraient d'inégalités depuis le début de la nouvelle République turque. Les Kurdes alevis et sunnites n'arrivaient pas lutter ensemble, même s'ils ne s'affrontaient pas non plus. Cela était dû probablement au fait que certains chefs kurdes alevis craignaient que Cheikh Saïd voulut réinstaller le Calife. Or, les Alevis n'étaient pas concernés par cette institution[58]. Les Alevis pouvaient craindre que la révolte d'un chef sunnite ne soit d'abord religieuse, d'autre part, on ne peut pas dire que Cheikh Saïd ait utilisé l'islam seulement comme un instrument de mobilisation, mais plutôt une complémentarité en l'absence d'autres forces sociales organisées chez les Kurdes. La légitimation de l'action passait par l'élément islamique à un degré important pour transformer une révolte en un mouvement kurdiste. C'est pourquoi nous constatons que, cette absence de soutien à la révolte de Cheikh Saïd qui était sunnite, n'était pas soutenue, non plus, par d'autres chefs kurdes de même confession. Mais il se peut que l'impossibilité de communiquer entre chefs qui tenaient à la présence des militaires turcs ait été fondamentale dans ce cas. Cette révolte fut contenue dans le triangle Diyarbakir Bingöl - Palu.

---

[58] Cependant il est important de souligner qu'en 1921 lorsque la révolte de Kochgiri éclate, ils n'auront pas le soutien des Kurdes de Dersim bien qu'ils soient Alévis. Donc on peut penser que cette absence de solidarité est le résultat à la fois du manque de moyens et du système tributaire qui existait chez les Kurdes.

On a pu affirmer que la révolte de Cheikh Saïd a éclaté plus tôt que prévu en raison d'un incident survenu dans la bourgade de Piran, alors même que la préparation de cette révolte n'était pas encore achevée. Ceci se passait avant que Cheikh Saïd ne prenne contact avec les Alevis et les autres chefs kurdes sunnites. Selon des documents secrets turcs du 13 février 1925.

> « les militaires turcs voulaient arrêter deux de ses compagnons accusés d'être déserteurs, cette demande est aussitôt rejetée par Cheikh Saïd, un affrontement éclate, deux militaires turcs sont blessés et les autres sont emprisonnés avec leur commandant, ce fut le premier coup de feu de la révolte. »[59]

Cheikh Saïd qui se trouvait à Piran chez son frère n'avait probablement pas encore sollicité le soutien des autres Kurdes.

En 1937, ce furent les Kurdes alevis de Dersim[60] qui se révoltèrent contre le gouvernement turc. Les Kurdes des autres régions ayant vu leurs révoltes écrasées, ne purent se montrer solidaires du soulèvement de Dersim. Cette insurrection fut encore anéantie par le gouvernement turc. Les opposants kurdes au régime turc furent à peu près totalement éliminés[61]. Une des

---

[59] Faik Bulut, *Devletin Gözü ile Türkiyede Kürt Isyanlari*, (Les révoltes kurdes du point de vue de l'Etat), Yön, Istanbul, 1991, p. 17.

[60] Cette révolte est restée ignorée du monde; confinée dans une seule ville entourée de hautes montagnes, et encerclée par les militaires. La famine qui en a résulté a favorisé l'écrasement de cette révolte, les bombardements de gaz par avion ont été décisifs pour y mettre fin. (A ce propos, voir en annexe (7-8), la lettre de Seyid Riza).

[61] De 1806 à 1812, on peut compter vingt grandes révoltes des Kurdes contre l'Empire ottoman. Entre 1924 et 1938, vingt-neuf révoltes, plus ou moins importantes, contre la République turque éclatèrent et des milliers de Kurdes furent massacrés. Aucune de ces révoltes ne prit une ampleur nationale : elles n'étaient que régionales ou locales.

Les quarante neuf grandes révoltes qui ont éclaté contre l'Empire ottoman, puis contre la République turque sont les suivantes :

- Révolte de Abdurrahman Pacha (Baban)(1806), la révolte de Ahmet Pacha (1812), révolte de Ahmet Pacha, révolte des Zaras (1820), révolte de Rawanduz (1827), révolte des Yezidis (1830-1833), révolte de Bedirkhan (1821-1847), révolte de Mir Muhamed de Soran (1833), révolte de Cherif

armes du gouvernement turc consistait à utiliser la religion comme ferment de division entre les Kurdes de confession sunnite et alevi. Depuis la révolte de Dersim de 1938, les Alevis (et tout particulièrement ceux de Dersim) étaient très mal considérés. On les assimilait à des terroristes potentiels. Les Kurdes de cette confession étaient présentés comme des athées et des "ennemis de l'Islam". Les Kurdes sunnites qui ne mettaient pas en avant leur origine étaient considérés par la population turque et dans la presse nationaliste turque comme des "frères musulmans". Cependant, malgré cette division présentée par les autorités turques, nous n'avons pas connaissance d'affrontements entre les Kurdes sunnites et alevis.

S'il est possible de constater qu'il n'y avait pas de solidarité entre Kurdes alevis et sunnites ceci tenait aux circonstances jugées très dangereuses par l'Etat turc. Depuis le milieu des années 1980, suite aux soutiens massifs des Kurdes sunnites aux

---

Ahmed Khan (1834), révolte des Garzan (1839), révolte de Yezdan Ser (1853-1855), révolte de Bedir Khan Osman Pacha et son frère Kenan Pacha (1877), révolte de Cheikh Oubeidullah (1879-1881), révolte de Abdullah (1881), révolte de Bedir Khan Ali (1889), la révolte de Milli (1908), révolte de Dersim (1909-1914), révolte de Bedirhan Halil et Ali Rémo (1912), la révolte de Bitlis (1913-1914), révolte de Selim, Sahabettin, et Ali (1912), révolte de Koçkiri (1918).- Révolte de Nasturi (1924), révolte de Jilyab (1925-1926), révolte de Cheikh Saïd (13 fevrier-31 mai 1924), premier assaut de Semdinan (24 mai - 25 juin 1925), révolte de Rackotan et Raman (7-11 août 1925), révolte de Sason (1925-1937), révolte de Yakup Agha de Eruh (1926), révolte de Pervari (1926), révolte de Güyan et assaut de Cölemerik (1926), révolte de Halo (1926), révolte de Agri Ier (16 mai - 17 juin 1926), deuxième assaut de Semdinli (juin 1926), révolte de Koçusagi (7 novembre- 30 décembre 1926), révolte de Hakkari (1927), deuxième révolte de Agri (13-20 octobre 1927), le mouvement de Bicar (7 novembre-17 décembre 1927), révolte de Mutki (26 mai - 25 août 1927), révolte de Resoul de Jiliyan (22 mai-3 août 1929), révolte de Tendürük (14-27 octobre 1929), révolte de Zeylan (1930), révolte de Alican de Tutak (1930), troisième révolte de Agri (7-14 octobre 1930), révolte de Oramak (16 juillet-10 octobre 1930), révolte de Savur (20 mai - 9 juin 1930), révolte de Zeylan (20 juin - octobre 1930), révolte de Plümür (8 novembre-14 décembre 1930), révolte de la tribu Büran (1935-1937), révolte de Abdulkudüs (1935-1936), révolte de Dersim (1937-1938).

actions du PKK, le gouvernement turc changea sa politique. En effet, depuis 1984, le PKK a commencé une lutte armée dans les villes kurdes (Sirnak, Hakkari, Cizre, Mardin...) et bénéficie du soutien massif des habitants de ces villes sunnites. Ce revirement politique des autorités turques (disant : il faut "gagner les Alevis puisqu'on a perdu les Sunnites") les a donc conduit à soutenir les Alevis. Ces derniers furent dorénavant autorisés à créer des associations que ces mêmes autorités subventionneront. L'ouverture des lieux de cultes (Cem evi) sera aussi permise.

Il faut encore souligner qu'il existe aussi chez les Turcs une importante communauté alevi, et que contrairement aux Kurdes, plusieurs affrontements sanglants ont eu lieu entres Turcs sunnites et alevis. Dans les années 1970, les événements de Maras et Corum ont fait des centaines de morts et des milliers de blessés.

Cependant, dans l'histoire des Kurdes et surtout depuis la deuxième moitié du XXe siècle, de nombreux affrontements ont eu lieu à la fois entre les partis kurdes d'un pays et les partis kurdes de différents pays. Les plus sanglants eurent lieu entre les deux principaux partis kurdes irakiens, le PDK de Barzani et l'UPK de Talabani, et ce par intermittence depuis 1964[62].

---

[62] L'UPK (l'Union Patriotique du Kurdistan) est née après la grande défaite de Barzani en mars 1975. Cette organisation qui contrôle la zone de la région kurde proche de l'Iran (ce qui a pu expliquer son alliance avec l'Iran en 1996), est constituée de plusieurs petits partis traditionnellement opposés à Barzani. Les plus grands de ces partis sont le Komala et le Mouvement socialiste du Kurdistan. Les dirigeants de l'UPK sont des jeunes et des étudiants qui se disent marxistes-léninistes. Ses principales personnalités sont Jalal Talabani, Ali Askari, I. Ahmed. L'idéologie de ce parti est "anti-impérialiste" et "anti-féodale". Cependant, Talabani a aussi une base tribale (même s'il dénonce le tribalisme). Il appartient à une tribu influente nommée Talabani (de confrérie Qâdiriyya), vivant dans le sud de la région kurde d'Irak, principalement dans la ville de Suleymanie où l'on parle le dialecte sorani. Il soutient les autres mouvements nationaux dans le monde, et se considère comme démocrate et patriote. Il se présente comme la gauche du mouvement national kurde. Après son désaccord avec Moustafa Barzani, Talabani a dirigé, de 1966 à 1970, les "Jash 66", mercenaires kurdes, payés et armés par Bagdad.

Chez les Kurdes d'Iran les affrontements furent moins brutaux entre le parti KOMALA (Organisation des masses laborieuses du Kurdistan d'Iran) et le PDK d'Iran. En Turquie, des hostilités sont apparues de 1977 à 1986 entre le PKK et les autres partis politiques kurdes. Il ne s'agit cependant pas d'affrontements directs, mais d'assassinats isolés de militants.

Les relations entre les partis kurdes des différents pays sont ambiguës. Elles donnent lieu à des affrontements, parfois à des formes de coopération amicale, parfois à des actions de solidarité. Entre 1970 et 1974, les Kurdes irakiens et iraniens s'affrontèrent, cela s'explique par le revirement des Kurdes irakiens, qui à la demande du Chah d'Iran, voulaient neutraliser le potentiel d'opposition que représentait les Kurdes de son pays. Certains Kurdes iraniens qui étaient réfugiés en Irak furent expulsés en Iran.

Le PKK et le PDK conclurent des accords pour lutter contre "l'occupation de l'armée turque dans le nord de l'Irak" en septembre 1983[63]. Mais en avril 1993, des affrontements eurent lieu durant une quinzaine de jours entre le PKK et les Kurdes irakiens (PDK et l'UPK). Ces derniers voulaient que le PKK déplace ses bases situées à la frontière turque, côté irakien, vers le Sud des régions administrées par les Kurdes. Les Kurdes irakiens sont intervenus pour empêcher selon eux une éventuelle invasion de l'armée turque. Pour le PKK, les partis kurdes irakiens (UPK, PDK), qui étaient sur le point de proclamer la création d'un Etat fédéré kurde, les ont attaqué pour gagner la neutralité du gouvernement turc. Suite à ces affrontements, le PKK accepta de transférer ses bases. Il est important de souligner que les hostilités entre les partis kurdes des différents pays n'ont pas duré. Il n'est pas exclu qu'après de tels affrontements des relations d'amitié se soient instaurées entre eux. D'ailleurs depuis 1996, le PKK a noué des relations très

---

[63] A cette date, le PKK n'avait pas commencé sa lutte armée en Turquie, ses quelques militants se trouvaient au Liban dans les camps de l'OLP, il se déclarait ouvertement comme marxiste-léniniste et son drapeau était frappé de la faucille et du marteau.

étroites avec le PDK et regagné ses bases dans la région.

Le journaliste Marc Kravetz qui a eu des relations étroites avec les leaders kurdes d'Irak et d'Iran, déclarait lors d'une conférence le 18 décembre 1991, à l'université de Nanterre :

> « Pendant la guerre Iran/Irak, les Kurdes d'Iran ont été soutenus par le gouvernement irakien, les Kurdes d'Irak ont été soutenus par le gouvernement iranien, alors que les Kurdes de ces deux pays faisaient la guerre contre le gouvernement du pays où ils habitent, mais les Kurdes de ces pays ne se sont jamais fait la guerre entre eux. Cette politique était bien orchestrée par le leader kurde du Parti Démocratique iranien, Abdulraman Ghassemlou, et par le leader de l'Union Patriotique du Kurdistan, Jalal Talabani, ils se rencontraient pendant les conférences internationales dans les pays occidentaux, il n'y avait pas de divergences entre eux et ils pensaient qu'il fallait profiter des divergences entre l'Irak et l'Iran. »

L'analyse de Marc Kravetz montre bien que chacun des camps kurdes est pris dans une logique d'opposition à l'Etat dans lequel il vit. Ce n'est pas tant les rivalités entre Kurdes qui dominent, bien qu'on n'ignore pas les préjudices qu'ils ont subis, ce sont les luttes qu'ils mènent contre les Etats distincts qui conduisent à des configurations dans lesquelles ils sont opposés. On ne peut alors pas ignorer l'affaiblissement des partis kurdes suite à ces politiques.

De plus, la religion n'a pas joué de rôle déterminant dans leur unification. Contrairement à ce qui s'est passé chez les Turcs, les Arabes et les Perses, l'Islam n'a pas contribué à l'unification des Kurdes. La plupart des leaders religieux kurdes qui joueront un rôle important jusqu'en 1938 verront leur influence limitée à leur région d'origine. Tel fut le cas avec Cheikh Saïd en 1925, Seyid Riza en 1938, Cheikh Ahmed en Irak, en 1945 et Qazi Mohamed en Iran en 1946.

A fortiori, avec la création du nouvel Etat turc en 1923 qui a aboli le Calife, l'influence des religieux a considérablement diminué, ce qui a affecté aussi les Kurdes d'Irak[64]. Moustafa Barzani, qui appartient à une famille de Cheikhs, ne s'est jamais fait appelé Cheikh, mais plutôt Mollah[65], puis Général, car il a probablement considéré que les fonctions de leader national lui apporterait plus de soutien que celle de leader religieux. D'ailleurs le PDK, a été dirigé par Moustafa Barzani pendant plus de cinquante ans. Il a eu une influence sur la quasi totalité des zones kurdes irakiennes et a reçu le soutien des Kurdes non musulmans (chrétiens chaldéens, nestoriens...). A la même époque, des hommes religieux plus importants que lui, n'arrivaient pas à rassembler la population autour de leurs idées. Si le frère aîné de Moustafa Barzani, Ahmed Barzani, était un des plus grands Cheikhs respecté par tout le monde, c'est Moustafa Barzani qui est devenu le leader des Kurdes d'Irak.

Aujourd'hui encore, les imams kurdes n'ont pas une grande influence. Généralement, ils ne sont pas riches, vivent souvent des dons des villageois, certains sont salariés dans les villes (surtout en Turquie)[66]. La richesse du clergé chiite et sa hiérarchie n'existent pas chez les Sunnites. Gérard Chaliand

---

[64] Les réformes effectuées par Mustafa Kemal sont nombreuses, les principales sont : la suppression du Calife, la séparation de la religion et de l'Etat, la réforme du costume, celle de l'alphabet, celle de l'heure et du calendrier; l'émancipation de la femme, l'instruction obligatoire pour les enfants des deux sexes. Pour remplacer une loi religieuse qui contrôlait tous les actes de la vie civile, individuelle, familiale et sociale une nouvelle organisation du droit et de la justice a été effectuée, ont été empruntés aux Suisses leur code civil, aux Italiens leur code pénal, aux Allemands leur législation commerciale. Les textes européens ont d'abord été traduits, pour être ensuite adaptés aux conditions particulières de ce pays d'Orient.

[65] Un *Mollah* est un homme religieux responsable dans le village qui donne également des cours religieux aux enfants. On peut dire que c'est un intellectuel du village.

[66] Malgré le peu d'influence des religieux kurdes, les autorités turques ont cherché à les contrôler. En Turquie, à partir des années 70, tous les imams des villages kurdes ont été remplacés par de nouveaux imams diplômés de l'école "Imam Hatib Okulu", car les Imams kurdes étaient considérés comme inefficaces pour empêcher les idées nationalistes qui surgissaient chez les Kurdes. Par contre les Imams non diplômés des villes turques ont dû se former et passer le concours pour rester dans leur fonction.

estime par ailleurs « qu'il n'y a pas de centralisation stricte, plusieurs centres régionaux peuvent coexister »[67]. Ceci ne peut qu'affaiblir la position des hommes religieux kurdes dans la société. Pour lui, "les hommes religieux ne forment pas une classe sociale, ils peuvent être riches ou pauvres, mais les riches sont plus influents que les pauvres"[68]. Cependant, ils ne sont pas coupés du reste de la population, ce qui les force à avoir des relations étroites avec toutes les classes sociales.

En général, les Kurdes qui sont des musulmans modérés, de rite chaféite, ont montré peu d'intérêt pour l'intégrisme. De son côté, le PKK investit beaucoup de moyens pour rallier à lui les milieux religieux car, selon ce parti, les Kurdes ne deviendront pas intégristes dans leur ensemble. Ce parti marxiste-léniniste, a ouvert en effet plusieurs mosquées en Europe afin de rassembler les Kurdes pratiquants dans des mosquées non turques, mais kurdes. Beaucoup de croyants kurdes ne voient pas d'inconvénient à se rassembler autour d'un parti marxiste-léniniste, lorsqu'il s'agit de défendre la cause nationale. Il n'est pas rare de voir, lors des manifestations organisées par le PKK, de nombreux hommes barbus, une calotte sur la tête, chapelet à la main et des femmes voilées.

Bien que dans le passé les confréries religieuses aient joué un rôle dans le mouvement national kurde, les partis islamistes kurdes de Turquie ne rassemblent dans leurs manifestations que très peu de participants en Europe (En Turquie toute forme de manifestation kurde est interdite). Si les Islamistes kurdes ont créé en Turquie un parti politique (clandestin) depuis 1991, celui-ci n'a pas une grande influence sur la population kurde. En revanche, le parti laïc pro-kurde, Parti populaire (HEP), a obtenu plus de 20 sièges aux élections législatives de 1991.(en faisant une alliance avec le SHP). Autre exemple, les partis islamistes n'ont obtenu aucun siège en 1993 dans l'Assemblée kurde d'Irak qui compte 110 députés, malgré le soutien de l'Iran et de l'Arabie Saoudite.

---

[67] Gérard Chaliand, *Le malheur kurde*, op.cit, p. 41.
[68] *Ibid.*, p. 40.

Les forces spéciales kurdes contre les Kurdes

Une pratique qui existe depuis l'Empire ottoman continue de nos jours[69]. Il s'agit d'intégrer au fonctionnement du régime certains groupes de Kurdes souvent démunis de toute ressource. Ces Kurdes sont recrutés et bénéficient d'une formation militaire par les autorités ottomanes, turques et irakiennes pour faire face à la fois aux révoltes kurdes, arméniennes et aux dangers extérieurs (Russes ...). Les hommes de ces forces spéciales sont salariés, bien payés et détiennent des responsabilités importantes. Ce système de recrutement n'apparaît principalement que pendant les conflits. Durant les périodes de "paix" leur nombre diminuait considérablement.

Les Kurdes ont donc participé d'eux-mêmes à cette stratégie. Cette attitude était déjà dénoncée au XVIIIe siècle par le poète Ahmédé Khané, kurde lui-même. Dans un de ses poèmes, "Mem-o-Zin", il déplorait avec lucidité ce gaspillage du sang kurde au service d'une cause nationale étrangère :

> « Ces Kurdes qui, par la sabre, ont conquis la gloire. (...) Comment se fait-il qu'ils aient été privés de l'Empire, du monde et subjugués par les autres ? Les Turcs et les Persans sont entourés de murailles kurdes (...) toujours désunis en discorde, ils n'obéissent pas au pouvoir de l'un des leurs (...). Si nous nous unissons, ce Turc, cet Arabe et ce Persan seraient nos serviteurs. »[70].

Trois grandes structures "paramilitaires" avaient été mises en place : les régiments Hamidiye sous l'Empire ottoman, les Jash (chevaliers de Saladin) en Irak et les protecteurs de village (Köy Koruyuculari) en Turquie.

---

[69] En effet, en 1911 le parti Union et Progrès a créé une organisation spéciale structurée et paramilitaire dépendant du ministère de la guerre. En 1915 cette organisation est élargie. Des prisonniers de droit commun sont libérés, des prisonniers entraînés dans des centres militaires pour former des bataillons d'irréguliers (çete - "tchété"). Ils ont largement participé au génocide arménien et à des exécutions contre les Kurdes.

[70] Basile Nikitine, *Les Kurdes*, *op. cit.*, p 179.

Les régiments Hamidiye « Hamidiye Alaylari »

Les régiments Hamidiye ont été formés, par Abdul Hamid II, dit le "Sultan Rouge"[71], en 1891. A cette date, l'Empire ottoman continuait de s'affaiblir à l'intérieur et à l'extérieur face aux revendications des minorités[72]. Selon François Georgeon, la création en 1891 des régiments Hamidiye était établie sur le modèle des Cosaques de Russie :

> « Il s'agit de régiments composés d'éléments appartenant à des tribus kurdes. A Istanbul, ils constituent la garde personnelle du Sultan ; et sur place, dans l'Est anatolien, ils sont chargés de maintenir l'ordre, en réalité de faire front aux activités des révolutionnaires arméniens. Mais la création des régiments Hamidiye s'inscrit également dans la politique kurde d'Abdul Hamid qui consistait à essayer de renforcer la solidarité des musulmans et à éviter toute collusion entre Kurdes et Arméniens. Une telle éventualité aurait rendu très difficile la défense de l'Anatolie orientale[73] ».

On pourrait préciser que ces régiments qui étaient formés de tribus kurdes, comptaient aussi des tribus pro ottomanes d'Arabes et de Turkmènes. Mais le nombre des tribus kurdes

---

[71] Il a fait couler beaucoup de sang, c'est pourquoi on l'a surnommé le "Sultan Rouge", par une image de cruauté et de ruse. Pendant son règne, il a utilisé une violence très dure contre les minorités, en particulier contre les Arméniens et les Kurdes.

[72] En 1876, Abdul Hamid est nommé Sultan. Les réformes de Tanzimat de 1839 et celles de 1856 du Traité de Paris faites par son prédécesseur prévoyaient également la dissolution du système de tribu. Mais Abdul Hamid n'a pas appliqué ces réformes. Il a voulu au contraire développer ce système. En effet, les événements vécus durant ces années : l'invasion des Russes de 1877 dans certaines régions de l'Est, le soutien des Arméniens aux Russes, la révolte kurde dirigée par Cheikh Ubeydullah Nehri qui fut la plus grande révolte kurde de l'époque sont des résumés des événements vécus avant le règne d'Abdul Hamid. C'est dans ce contexte qu'il a décidé de créer une milice kurde nommée Hamidiye Alaylari.

[73] François Georgeon, Le Dernier Sursaut (1878-1809), in Robert Mantran, *Histoire de l'Empire Ottoman*, Paris, Edition Fayard, 1989, p. 563.

était bien supérieur aux autres. Trente-six régiments, comprenant de 512 à 1 200 hommes chacun, furent formés. Selon d'autres sources anglaises, les chiffres diffèrent : il y aurait eu "en 1891, 40 régiments et en 1893, 63"[74]. Dans un rapport à son ministre des affaires étrangères le Consul italien estimait qu'il existait 47 régiments Hamidiye de 500 hommes chacun. Il ajoutait aussi que le gouvernement avait l'intention de porter le nombre de bataillons à 100 et considérait que la cavalerie kurde comptait en juillet 1893 environ 23 500 hommes[75].

D'après ces documents diplomatiques italiens[76], il est possible de distinguer quatre phases importantes du processus de formation des Hamidiye[77].

- Une première phase : le voyage et l'alliance (janvier 1891 à juillet 1891). Pour mettre en œuvre le projet Hamidiye, il fallait prioritairement s'attacher les chefs locaux, les fameux beys[78], sans l'appui desquels la formation de ce régiment n'avait aucune chance d'aboutir. Les beys étaient chargés de préparer une alliance entre le Sultan et les chefs kurdes de la région. Ces derniers devaient tout d'abord se rendre à Constantinople pour y faire acte de soumission au Sultan.

- Une deuxième phase : le recrutement (juillet 1891 à septembre-octobre 1891).

Les beys kurdes avaient promis au Sultan, une fois rentrés au pays, de lui fournir le nombre d'hommes nécessaires à la

[74] Martin van Bruinessen, *Agha, Seyh ve Devlet*, *op. cit.*, p. 228.

[75] Asdmaei AP, *Armenia,*, b 325, fasc 1892, r. n°225-65, il R° console d'Italia Francisci al ministro degli Affari esteri, Trébizonde 7.7 1892, cf. les chiffres donnés pas A. Beylerian supra p 33. (cité par Maurizio Russo, *Formation des régiments Hamidiye (1891-1893)*, art. cit., p. 41.)

[76] La présence à Erzurum de ressortissants italiens justifiait du reste la création, en 1862, d'une "Regia ageszia consolare" locale, qui dépendait de l'important "Regio consolato" italien de Trébizonde et constituait le point d'observation italien le plus avancé en Arménie.

[77] Maurizio Russo, *Formation des Régiments Hamidiye, 1891-1893*, Revue d'histoire arménienne contemporaine, I (1995), pp. 31-44.

[78] Les Beys sont des agents impériaux. Ici ce sont des agents impériaux d'origine kurde. Convoqués à Istanbul pour faire acte de soumission, on leur exposait la perspective de la Hamidiye.

constitution des Hamidiye. Aucun d'eux ne respecta ses engagements, ou, dans le meilleur des cas, le fit dans une faible proportion. Les autorités turques usèrent alors de la manière forte pour résoudre les problèmes de recrutement. Le Consul italien de Trébizonde rapporta ainsi que les autorités d'Erzurum détenaient en otage nombre de beys kurdes afin de les contraindre à trouver les soldats promis et que, toujours dans un but coercitif, ils avaient mis en prison quelques uns de leurs familiers.

- Une troisième phase : la constitution (septembre-octobre 1891 à fin 1892), formation des régiments et cérémonie des drapeaux.

Les documents diplomatiques italiens faisaient également allusion à une cérémonie importante destinée à conférer un ton officiel à cette troisième phase : la remise des drapeaux aux nouveaux régiments. Le 5 avril 1892, une dépêche du Consul de Trébizonde annonça que Vehbi Bey venait d'arriver de Constantinople pour remettre une décoration officielle à Zeki Pacha, principal organisateur de la cavalerie kurde.

- Une quatrième phase : l'instruction et l'organisation des régiments (début 1893 jusqu'à fin 1893).

Jusqu'à la fin de 1892, la création de nouveaux régiments et la remise des drapeaux se poursuivit. Les premiers mois de 1893 marquèrent une nouvelle étape dans la formation des Hamidiye, avec le début de l'instruction et de l'organisation. Le 24 mars 1893, le Consul italien signala l'arrivée à Trébizonde d'une trentaine d'officiers envoyés par le ministère de la guerre pour former les soldats des nouveaux bataillons. D'après les dépêches qu'il envoyait, des officiers de cavalerie de l'armée ottomane commençaient à transiter par Trébizonde dès le mois d'avril au rythme de vingt ou trente par semaine. Ces officiers qu'on nommait les "sélectionnés" portaient tous une plaque en cuivre à l'effigie des Hamidiye : ils étaient destinés à être incorporés pour encadrer les effectifs des nouvelles formations de cavalerie. Ces régiments se sont d'abord illustrés "dans la répression du mouvement arménien (1894-1896), laquelle se solda par le massacre de plusieurs dizaines de milliers de personnes"[79].

Le terme de "Hamidiye" venait du nom de leur fondateur le Sultan Abdul Hamid :

> « Chaque régiment défilait avec d'un côté un drapeau où était inscrit un verset du Coran et de l'autre côté un drapeau sur lequel étaient écrites les paroles du Sultan qui expliquaient le fonctionnement de ces régiments »[80].

La propagande des autorités de l'Empire ottoman affirmait que les régions kurdes allaient être envahies par les Russes, ou encore devenir arméniennes. Cette propagande contribuait à ce que le nombre de Kurdes dans ces régiments soit bien supérieur aux autres.

Officiellement, le but de ces régiments était d'assurer le contrôle sur les provinces orientales de l'Empire, alors que la présence de la grande armée ottomane dans cette région était indiscutable. D'autre part, "cela eut pour conséquence de raffermir l'autorité des chefs tribaux et de permettre à certains d'entre eux d'augmenter leur influence"[81]. Les Kurdes du Nord-Est vivant aux côtés des Arméniens, malgré quelques problèmes de cohabitation, participaient aux régiments Hamidiye. Les Kurdes des autres régions ne faisaient pas partie de ces régiments.

Les membres de ces régiments étaient très bien payés et disposaient de beaucoup de pouvoir. Ainsi, "ils étaient exonérés d'impôts, les tribunaux civils ne pouvaient pas les juger en cas de fautes"[82]. Mais le plus important tenait en ce qu'ils étaient "payés comme militaires ottomans et exemptés de faire le

---

[79] Kendal Nazan, "Le Kurdistan de Turquie", in Gérard Chaliand (dir.), *Les Kurdes et le Kurdistan*, *op. cit.*, p. 54.

[80] Fahrettin Altay, *On yil savasi ve sonrasi (1912-1922) görüp geçirdiklerim* (La guerre de dix ans (1912-1922), ce que j'ai vu et ce que j'ai vécu), Editions Insel Yayinlari, 1970, p. 49.

[81] Gérard Chaliand, *Le malheur kurde*, *op. cit.*, p. 59.

[82] *Encyclopédie Ana Britanika*, tome 10, Istanbul 1988, p. 338.

service militaire"[83]. Ils faisaient souvent leur loi et tuaient sans pouvoir être accusés. "C'est pourquoi ils étaient surnommés les 36 régiments sanguinaires"[84].

Les commandants de ces régiments étaient les chefs de ces tribus influentes. L'un des plus connus était le chef de la tribu Milan, Ibrahim Pacha, qui régnait sur la région de Diyarbakir. Il rançonnait toutes les autres tribus, exerçait des mauvais traitements sur la population civile de Diyarbakir, ce qui poussait "les élites kurdes de Diyarbakir à occuper des bâtiments officiels pour obtenir la mutation d'Ibrahim Pacha loin de Diyarbakir à Hicaz (en Arabie Saoudite)". Il faut aussi noter que "Ziya Gökalp (qui deviendra plus tard le théoricien du panturquisme) se trouvait parmi ces manifestants"[85]. En 1910 le Sultan leur retira ce commandement et le donna à des militaires turcs.

Bien que chaque ouvrage évoque différemment les raisons de la création de ces régiments (le danger des Russes, le danger des revendications arméniennes, kurdes, ou pour le triomphe de l'Islam....), toutes ces hypothèses paraissent fondées. Dans les sources officielles turques, il était dit que les régiments Hamidiye avaient été formés pour faire face au danger extérieur que représentaient les Russes, qui auraient pu menacer l'Empire ottoman et le monde musulman. En effet, le Sultan Abdul Hamid avait comme autre fonction d'être le Calife (chef religieux des musulmans). Selon les sources arméniennes, il était dit que ces régiments avaient été créés pour l'élimination du peuple arménien. De leur côté, certains Kurdes considéraient

[83] Osman Aytar, *Hamidiye Alaylarindan, Köy Koruyuculuguna* (Des régiments Hamidiye aux protecteurs de village), Editions Mediya Günesi, août 1992, p. 62.
Il faut bien noter que les membres de ces régiments étaient exemptés de faire leur service militaire du fait qu'ils remplissaient déjà un devoir militaire.

[84] Ismet G. Imset, *PKK, Ayrilikci siddetin 20 yili (1973-1992),* (Le PKK, vingt ans de violence et de séparatisme (1973-1992)), Editions Turkish Daily News, 1993, p. 142.

[85] Enver Behnam Sapolyo, *Ziya Gökalp Ittiadi ve Mesrutiyet Tarihi* (Ziya Gökalp et l'histoire de la Monarchie), Istanbul, 1974, p. 43.

que l'un des buts principaux de ces régiments était d'affaiblir les prétentions des chefs kurdes : un rassemblement des forces mené par les chefs kurdes était en effet perçu comme plus dangereux qu'une menace extérieure. Un mécontentement commençait à se propager à cette époque. Si les agitations kurdes s'étaient diffusées plus largement, elles auraient contribué à affaiblir l'Empire ottoman confronté aux Russes. Plusieurs révoltes kurdes considérées comme dangereuses par le Sultan, éclatèrent avant la création de ces régiments :

> « La révolte Yezidi Rewanduz (région d'Hakkari et de Sincan), la révolte Bedir Khan Bey (Cizre), la révolte Yezdan Sher (Van et Bitlis), la révolte Osman-Husseyin Kenan Pasa (Midyat, Hakkari et Botan), la révolte de Cheikh Ubeydullah (Mahabad, Iran) et encore d'autres révoltes avaient fait peur au Sultan qui a décidé de former un régiment qui lui serait fidèle ».[86]

Selon l'écrivain kurde Osman Aytar :

> « Il suffit d'analyser les conditions dans lesquelles étaient formés ces régiments et l'utilisation de ces régiments (où et comment) pour constater que le but principal de la création de ces régiments est de faire massacrer les Kurdes par les Kurdes et les Arméniens et les Kurdes mutuellement entre eux. »[87]

Certains chefs kurdes étant hostiles à la formation de ces régiments, des affrontements opposèrent les familles kurdes favorables au Sultan à celles qui ne l'étaient pas. Ainsi, des chefs traditionnels qui étaient en conflit avec des chefs protégés se trouvèrent placés dans le rôle de rebelles face à l'Etat. Dans ces régiments, les Kurdes, devaient être de même confession que le Sultan, c'est à dire uniquement des sunnites. "Les Kurdes de Dersim, qui étaient de confession alevi, avaient demandé au Sultan le droit de participer à ces régiments, mais ceci leur a été

[86] Hidir Göktas, *Kürtler : Isyan - Tenkil*, (Les Kurdes : les révoltes - les menaces), Istanbul, Editions Alan, avril 1991, p. 13.
[87] O. Aytar, *Hamidiye Alaylarindan, Köy Koruyuculuguna , op.cit.*, p 69.

refusé"[88]. Refuser aux Kurdes alevis de participer à ces régiments contribuait incidemment à diviser les Kurdes[89]. Dans cette région rurale où il existait une hostilité et un esprit de revanche entre les clans, ceux qui avaient des armes n'hésitaient pas à les utiliser contre leurs adversaires.

Les documents du Consul italien faisaient référence à l'encadrement des régiments Hamidiye qui devait être soigneusement équilibré entre officiers turcs et officiers kurdes sélectionnés :

« a- un général de division, issu de la cavalerie ottomane, comme commandant en chef des trente-trois régiments Hamidiye : Ferit Ibrahim Pacha.

b- un général de brigade kurde pour quatre régiments, soit quatre généraux kurdes pour les trente-trois régiments.

c- quatre colonels par régiment : deux Kurdes et deux "sélectionnés" venus de la cavalerie ottomane.

d- quatre lieutenants : deux Kurdes et deux "sélectionnés".

e- deux majors : un Kurde et un "sélectionné".

f- deux adjudants-majors, un Kurde et un "sélectionné" et ainsi de suite, sur le même principe, pour les cadres inférieurs.

Guglielmi estime, en effet, que les Turcs ont organisé de cette manière l'encadrement des Hamidiye car ils n'ont aucune confiance à l'égard des Kurdes. »90

Après la chute d'Abdul Hamid en 1909 par la "révolution" jeune-turc, ces régiments avaient continué d'exister "en dépit de nombreuses demandes émanant de la population réclamant leur dissolution, par souci de ne pas mécontenter les chefs de tribu et

---

88 Bilal Aksoy, *Tarihsel Degisim Sürecilde Tunceli*, (Tunceli dans les changements successifs de l'Histoire), vol 1, p. 195.

89 La Hamidiye avait une dimension panislamique à l'époque où Abdül Hamid développait cette logique: il s'agissait de mobiliser contre le Tsar et les Arméniens au nom de l'Islam et de souder les musulmans au sein de l'empire ottoman (Albanais, Kurdes, Arabes, Turkmènes, etc...). Ceci a eu évidemment comme effet de diviser les Kurdes, mais en l'occurrence ce n'était pas le but.

90 Russo M., *Formation des régiments Hamidiye (1891-1893)*, *op. cit.*, p. 42.

surtout dans l'espoir de pouvoir s'en servir à nouveau [91]". Mais en raison de leur mauvaise renommée leur nom avait été changé pour leur redonner un aspect "positif". En 1910 le mot Hamidiye est supprimé par Mahmoud Chevket Pacha et ces régiments furent alors appelés "Asiret Hafif Suvari bilikleri" (les régiments de cavalerie légère des tribus). "En 1910, le nombre de ces régiments avait atteint 64 et chacun d'eux était composé de 832 hommes. Au total, 53 000 hommes furent ainsi mobilisés"[92]. Un commandant de l'Empire fut nommé à la tête de chaque régiment. Ces régiments participèrent au massacre des Arméniens au côté de l'armée et sous le commandement de ces militaires ottomans. Après la Première Guerre mondiale leur présence "était considérée comme un danger potentiel et ils ont été dissous »[93].

Les Mercenaires « Jash » ou « Chevaliers de Saladin »

Les Kurdes appellent "Jash" d'autres Kurdes qui collaborent avec le gouvernement irakien. "Jash" est une expression péjorative qui veut dire littéralement "bourricots". Ces milices gouvernementales ont changé plusieurs fois de nom. Pour leur conférer une dignité elles ont été glorieusement nommées "Foursan Saladin" (Chevaliers de Saladin[94]) jusqu'en 1984, "Jafal Khalifa" (Bataillons légers), "Difa Watani" (Défense

---

[91] Kendal, "Le Kurdistan de Turquie", in Gérard Chaliand (dir.), *Les Kurdes et le Kurdistan, op. cit.*, p. 54.

[92] Robert Oslon, *La révolte de Cheikh Saïd et les sources du nationalisme kurde* (traduit en turc Kurt Milliyetciliginin Kaynaklari ve Seyh Saïd isyani) Ankara, éditions Öz-ge, 1992, p. 31.

[93] Ismet G. Imset, *PKK, Ayrilikci siddetin 20 yili (1973-1992) op. cit*, p. 142.

[94] *Saladin* est né dans une famille kurde en 1137, à Tikrit (Irak). Dans les mémoires arabes il résonne encore comme le grand vainqueur des croisades, il infligea une défaite aux croisés près de Tibériade en 1187. Il est un symbole d'unité et de lutte de l'Islam contre les Chrétiens, le conquérant de Jérusalem et le rassembleur de l'Islam. Il est devenu Sultan d'Egypte, de Syrie, de Mésopotamie et du Yémen. Cf. notamment voir, Geneviève Chevel, Saladin, *Rasambleur de l'Islam*, Pygmalion, 1991.

Nationale) et "Jahafel al-Difa al-Vatani" (Les Bataillons de la Défense Nationale).

Ne disposant d'aucune preuve écrite, nous avons recueilli des informations auprès de Kurdes d'Irak réfugiés en France. Selon leur recoupement on peut dire que dans les années quarante, lorsque la famille Barzani prit la tête du mouvement kurde, certains chefs "féodaux" de clans kurdes de la même région qui avaient des problèmes économiques, politiques et sociaux avec le clan de Barzani s'opposèrent à ce dernier, à la demande du gouvernement central[95].

Au fil des années, le nom et le fonctionnement de ces "Jash" changea. A partir de 1961, une guerre commença entre le gouvernement irakien, présidé par le Général Kassem, et le PDK d'Irak, dirigé par Moustafa Barzani. Le Général Kassem forma une milice mieux structurée, bien armée et payée. Les "Jash" étaient dotés des pleins pouvoirs face aux peshmergas et à leur famille. Ils avaient le droit d'acquérir le butin des "infidèles" (nom donné aux Kurdes opposés au gouvernement).

Selon la directive du Gouverneur militaire spécial de la région kurde d'Irak, du 20/06/1987 :

[95] Depuis sa naissance, le mouvement kurde en Irak n'a pas réduit le tribalisme. Dans cette société chaque chef tribal a ses rivaux et ses ennemis. Lorsqu'un chef rejoignait le mouvement kurde, il devenait pratiquement inconcevable pour ses principaux rivaux d'en faire autant. Ils avaient le choix entre rester neutre ou s'y opposer. Souvent le gouvernement ne leur laissait pas le choix. Parallèlement, pour chaque tribu qui coopérait avec le pouvoir central, des tribus rivales rejoignaient le mouvement kurde, non par conviction politique mais en raison des conflits tribaux. Ceci est valable pour certains leaders kurdes aussi : suite à l'exclusion en 1964 d'Ibrahim Ahmed et de Jalal Talabani du PDK par Moustafa Barzani, ils se sont rapprochés en 1966 du gouvernement irakien et ont lutté contre Barzani, avec une unité de mercenaires. Appelés par Barzani les "Jash 66", ils seront dissous par les Baassistes après l'accord du 11 mars 1970 entre Barzani et Saddam Hussein, alors vice-Président.

« Tout ce que les commandants des groupes collaborateurs ou les combattants des brigades de la Défense nationale auront saisi leur sera offert, sauf les armes lourdes et moyennes » (...)

Les autorités irakiennes ordonnent aux mercenaires "Jash" : « Donnez-nous les hommes et vous pouvez garder leurs biens (...) les femmes sont légalement les vôtres, comme leurs moutons et leurs bœufs. »[96]

Le nombre de ces auxiliaires variait selon que l'on était en période de guerre ou de paix. Selon une revue publiée en France en 1988 ils seraient 150 000 ou 250 000 selon d'autres sources[97].

Avec le coup d'Etat du parti Baas, en juillet 1968, cette collaboration devint plus systématique et obligatoire. Ali Hasan al-Madjid[98] appela les chefs des "Jash" des "Moustachar" (conseillers). Ces derniers devinrent les conseillers militaires auprès des Généraux de l'armée irakienne pendant leur guerre contre l'opposition kurde. Le salaire des "Jash" était versé directement sur le compte des "Moustachar", qui le répartissaient entre les "Chevaliers de Saladin" comme ils le désiraient.

« Chef de clan ou de tribu, le moustachar recevait un salaire important (de l'ordre de deux mille dinars) fonction du nombre d'hommes placés sous ses ordres, tandis que les hommes de troupe, les simples Jash, recevaient une solde de quatre-vingt-cinq dinars

[96] Middle East Watch, *Genocide in Iraq, The Anfal Campaign Against the Kurds*, New York, Human Rights Watch, 1993, p. 161.

[97] Revue *Documentation Réfugiés*, n° 35, 20-29 avril 1988, p. 23.

[98] Ali Hasan al-Madjid est né en 1941. C'est le beau-frère de Saddam Hussein. Il était le responsable des affaires du Nord (régions kurdes). Il a acquis une notoriété à partir de 1968, lorsqu'il était sergent et garde du corps de Hammad Shihab Al-Tikriti, qui dirigera le coup d'Etat du parti Baas en 1968. Il est connu également pour l'élimination des opposants au régime en 1979. C'est lui qui a mené les négociations sur l'autonomie des régions kurdes avec l'UPK, de 1983 à 1985. C'est à partir de cette date qu'il a été nommé à la tête de l'AMN, comme responsable des affaires du Nord. Après avoir utilisé les gaz contre les Kurdes en 1987, certains nommeront ce gazage "Ali Anfal" ou "Ali chimique".

(...) On estime qu'il y avait à la veille de l'insurrection (de 1991) environ trois cents moustachars[99] ».

Bien que les gouvernements irakiens successifs aient toujours profité de la présence des "Jash", ils n'ont pas toujours fait confiance à ces collaborateurs. D'ailleurs, il s'est déjà produit le revirement d'un régiment entier, où tout un groupe de miliciens s'est retourné contre l'armée irakienne en emportant les armes et le matériel militaire. Ce genre de revirement a souvent eu lieu pendant la guerre Iran-Irak, lorsque les Kurdes avaient gagné du terrain au Nord de l'Irak.

En même temps, la politique de déportation du gouvernement irakien contre les Kurdes de cette région étaient appliquée d'une telle façon que même les villages des Jash ne restèrent pas debout. Ces Jash furent aussi déportés.

La cruauté d'Ali Hasan al-Madjid se vérifie dans ses discours et ses pratiques. Il n'a pas seulement appliqué la déportation, mais aussi la destruction des villages kurdes et leur bombardement chimique (les villages des "Jash" aussi ont été détruits plus tard). Ali Hasan al-Madjid avait dit à un de ses collaborateurs Moustachar qui le suppliait de sauver son village de la destruction, « Je ne peux pas épargner votre village de la destruction et de la déportation... »[100]

Beaucoup de miliciens étaient recrutés, souvent par la force ou par obligation personnelle, contre le mouvement kurde en Irak. Ceux qui connaissaient le chômage depuis longtemps étaient également conduits à rejoindre ces "troupes". Mais tous ces collaborateurs n'étaient pas aussi cruels contre la population.

En effet, de « nombreux Jash ont aidé beaucoup de gens à s'échapper pendant les premières avancées militaires. C'est grâce à un Jash que la villageoise qui raconte l'histoire a pu survivre. Elle raconta qu'elle avait entendu un Jash qui surveillait les Zils [lieu où

---

[99] Chris Kutschera, *Le Défi Kurde, op. cit.*, p. 96-97.

[100] Cité dans *Génocide in Iraq*, p. 75, dans la note de bas de page il est précisé qu'ils possèdent la cassette-vidéo de ce meeting qui a eu lieu à Kirkouk.

l'on garde la nourriture des animaux pour l'hiver], dire à son commandant qu'il y avait des moutons dans les Zils couverts. Le Jash a ainsi sauvé la plupart des femmes et des enfants du village par cette méthode. »[101]

En mars 1991, les jours suivants la défaite de l'Irak face aux Alliés, tous les Kurdes, y compris ceux qui avaient collaboré avec le gouvernement central, prirent les armes, envahirent les bâtiments officiels et organisèrent des fêtes. Osman Mahmut, leader du PSK[102] irakien, considéra cet événement comme exceptionnel et déclara :

> « Les Jash étaient le moteur du soulèvement kurde après la guerre du Golfe. Nous n'imaginions pas que ces gens, qui avaient combattu contre nous depuis des années, passeraient si vite de notre côté »[103]

Cela montrait bien que beaucoup d'entre eux s'étaient engagés pour des raisons économiques et politiques, d'autres ayant été recrutés par la force. Lorsqu'ils en trouvaient l'occasion, ils se retournaient contre le gouvernement.

Les protecteurs de villages « Köy Koruculari », en Turquie

Environ quatre-vingts ans après l'abolition des régiments Hamidiye et vingt-trois ans après l'abolition du système d'Izale-i Sekavet (formation contre les bandits, 1923-1962), le système des protecteurs de villages fut créé par le parti au pouvoir, l'ANAP de Turgut Özal. Pour la première fois, le 4 avril 1985, deux articles nouveaux furent ajoutés à la loi concernant la protection des villages, portant sur "les protecteurs provisoires de villages". Selon le nouvel article 74 :

> « Dans les départements désignés par le Conseil des Ministres les villages où règne une certaine violence qui oblige à l'instauration de

[101] Middle East Watch, *Genocide in Iraq*, *op. cit.*, p. 163.
[102] Parti Socialiste du Kurdistan irakien.
[103] Conférence de Paris, mai 1991.

l'état d'urgence, ou lorsque la violence contre des villageois ou leurs biens devient trop forte, sur la demande de la Préfecture auprès du Ministre de l'intérieur, le système de protecteur de village provisoire peut alors être établi. Leur salaire, leur uniforme et leurs retraites sont fixés par le Conseil des Ministres sur la demande du Ministre de l'intérieur. »[104]

Selon cette loi, c'est le Préfet qui doit choisir les protecteurs parmi les demandeurs, après approbation du Ministre de l'intérieur. Mais, dans la pratique, ce sont les gendarmes, le maire ou les chefs de tribu qui choisissent les villages qui ont "besoin" de protecteurs de village.

Certaines familles acceptent de devenir protecteur de village pour mettre fin à leurs problèmes avec le gouvernement. Souvent l'Etat recrute ces protecteurs parmi d'anciens détenus, d'anciens chefs "féodaux" désirant retrouver l'influence qu'ils avaient auparavant ou d'anciens opposants à l'Etat ayant commis des crimes, en les amnistiant, à condition qu'ils luttent contre les combattants kurdes.

Des protecteurs de village provisoires sont instaurés en mai 1985, dans la sous-préfecture de Beytülsebap, située à la jonction des frontières turque, iranienne et irakienne. Ils ont été choisis dans le clan Jirki[105], connu pour ses problèmes réguliers avec les autorités turques.

« Les responsables de T.C.[106] , se sont réunis en mai 1985, avec les chefs du clan Jirki, chez Mehmet Dereli, qui est le maire du village d'Asagidere. Après cette réunion un accord a eu lieu : en échange de

---

[104] *Resmi Gazete* (Journal Officiel), 4 avril 1985, n° 18715.

[105] Tahir Adiyaman, leader du grand clan Jirki, très influent à Beytülsebap (Hakkari), a tué six soldats turcs et en a blessé une dizaine, suite à une confrontation avec des militaires turcs en 1975. Après avoir vécu une dizaine d'années en cachette, un accord avec l'Etat lui a permis d'être gracié à condition qu'il devienne protecteur de village avec son clan.

[106] TC : "Türkiye Cumhuriyeti" (République turque), en général les Kurdes qui sont opposés à la politique du gouvernement turc s'abstiennent de dire "la République turque" dans leurs discours et dans leurs écrits, ils utilisent les initiales T.C.

la suspension des mandats d'arrêt contre plusieurs membres de cette famille, ils accepteront de lutter contre les guérilleros du PKK avec l'armée turque. Le lendemain de cette réunion, les chefs de ce clan, Tahir Adiyaman, Haci Öter, Abubekir Aydemir et Köker Özdemir, ont été emmenés avec un hélicoptère militaire sur la base militaire de Diyarbakir, où ils signeront un accord avec le général Kaya Yazgan. Ces chefs jureront sur le Coran, et ils promettront selon les règles islamiques de divorcer de leurs femmes s'ils ne tiennent pas leurs promesses (...) »[107]

En 1987, deux ans après cette expérience, le système de protecteurs de villages est instauré par le gouvernement turc, principalement dans les villages kurdes. Leur but est de recruter des personnes, parmi les villageois kurdes pour qu'ils luttent contre les partisans kurdes du PKK. Très souvent, le gouvernement turc force les paysans kurdes en les payant et en leur donnant une arme et du matériel de liaison (talkie-walkie, téléphone, etc...)[108]. Leur salaire est l'équivalent de celui d'un instituteur, ce qui est énorme pour un villageois qui n'a fait aucune étude et qui n'a pas de formation. De plus, en fonction de leur "réussite", ils sont récompensés par des primes, des vacances supplémentaires, des cadeaux (montres, costumes, chaussures, nourriture), et pour le chef de clan, voiture et armes. Ils sont décorés de la médaille de la gloire de l'armée turque.

Pourtant, malgré ces avantages économiques ou symboliques on peut aisément constater, à la lecture de la presse turque, que beaucoup de protecteurs veulent démissionner. Surtout depuis janvier 1987, date à laquelle le PKK a effectué sa première attaque sanglante contre des familles de protecteurs de village à Gürcüs, sous-préfecture de Mardin, tuant trois personnes et en blessant cinq. Les autorités turques s'opposant le plus souvent à ces démissions, les protecteurs utilisent différents moyens pour démissionner. Ils déposent leurs armes au commissariat et, pour faire pression, ils font la grève de la faim ou restent assis devant

---

[107] Aytar O, *Hamidiye Alaylarindan Köy koruyuculuguna*, *op. cit.*, p. 188.

[108] Ces paysans risquaient d'être torturés, expulsés, emprisonnés s'ils ne répondaient pas favorablement à la demande des militaires.

le commissariat.

Selon le Ministre de l'intérieur de l'époque, Yildirim Akbulut, qui deviendra Premier Ministre plus tard :

> « Le système de protecteurs de village est instauré pour les raisons suivantes : des bandits ont passé la frontière, ils se sont cachés dans des grottes, et lorsqu'ils en trouvent l'occasion ils attaquent nos villages et nos soldats. Ils entrent dans les villages qui ne résistent pas et font leur propagande. C'est pour empêcher ceci que nous avons instauré ce système. »

Pourtant, nous constatons très souvent dans la presse turque, que ces protecteurs participent à des affrontements en dehors de leur village et même au-delà de la frontière turque, dans les zones kurdes irakiennes, pour y chasser les partisans du PKK, (alors qu'ils devraient se limiter à intervenir dans leur village).

Pouvoir porter librement des armes est très important pour les villageois, surtout s'ils ont des problèmes entre eux. Les protecteurs de village disposent de pouvoirs, et souvent en abusent, en attaquant les civils qui refusent de devenir protecteur de village. Mais il est très rare qu'un protecteur de village soit puni, s'il commet un acte en dehors des fonctions qui sont indiquées par la loi, mis à part les cas où il démissionne de ses fonctions.

La plupart des villageois kurdes sont systématiquement menacés par les autorités turques pour qu'ils acceptent de devenir protecteurs de village. Signe de la pression exercée sur les villageois qui résistent, une phrase est très souvent utilisée par les militaires. Selon eux, il n'y a que trois solutions pour les villageois : "ya korucu, ya apo'cu, yada yolcu", ce qui veut dire : "soit vous devenez protecteur, soit vous quittez votre village, soit vous soutenez les leaders du PKK, ce qui veut dire rejoindre la guérilla."

Ceci signifie qu'on a le choix entre : accepter d'être protecteur de village, et toucher un salaire pour lutter contre les combattants, ou quitter le village pour la ville sans travail, sans ressource, sans logement, ou, en cas de refus, être considéré par les autorités turques comme sympathisant du PKK et combattu comme tel[109]. Après chaque attaque de la guérilla dans un village, la maison de ceux qui refusent sont perquisitionnées et parfois détruites. Les habitants sont interpellés et interrogés. Les villages sont vidés, les forêts brûlées, les sources d'eau endommagées et les alentours des villages sont minés. Selon les sources officielles turques plus de 2 000 villages et hameaux ont été vidés (3 000 selon les ONG) afin de rassembler leurs habitants dans d'autres villages plus grands pour leur offrir de "meilleurs services" ou les faire partir vers les grandes villes et laisser les combattants du PKK dans un espace vide de population.

Dans un rapport de mission rendu public le 10 juillet 1996, l'association islamiste Mazlum-Der[110] accuse l'Etat de "ne pas respecter ses engagements internationaux en matière de droits de l'homme et de pratiquer en effet une large déportation des Kurdes sous couvert de migration devant le terrorisme". Mazlum-Der accuse les forces de sécurité et les responsables turcs de renforcer leurs pratiques inhumaines et contraires au droit envers la population du Sud-Est". Selon ce rapport, le nombre de Kurdes déplacés, installés dans les principaux sites d'accueil est estimé au total à 4 185 000 personnes (Diyarbakir : 1 150 000, Adana : 1 200 000, Sanliurfa : 450 000, Gaziantep : 400 000, Van : 350 000, Mardin : 250 000, Batman : 23 000, Elazig : 70 000, Hakkari : 50 000, Malatya : 35 000)[111].

Le départ des villageois expose les familles des protecteurs des villages aux attaques plus violentes des partisans du PKK. Ces dernières sont alors souvent obligées elles aussi de quitter

[109] Plusieurs dizaines de personnes ont été tuées ou ont "disparu" dans le Sud-Est anatolien (Kurdistan) depuis l'été 1991, dans les circonstances semblant indiquer l'implication des forces de sécurité. Les principales victimes sont des villageois ayant refusé de faire partie des milices municipales (protecteur de village) et notamment ceux soupçonnés d'avoir des liens avec le PKK directement ou par le biais de membres de leur famille.

[110] Insan Haklari ve Mazlumlar için dayanisma Dernegi (Association de la Solidarité pour les Peuples Opprimés), créée en 1991.

[111] *Milliyet* 11 juillet 1996

leurs villages.

Selon le leader du PKK, Abdullah Öcalan, cette politique de déportation et d'assimilation a produit un effet contraire à celui attendu : la moitié de la population kurde habite dans les grandes villes turques, et revendique sa "kurdité" plus que les Kurdes qui habitent à l'Est; et leur participation à la guérilla est très forte. Soulignons que ces villageois qui se rendent dans les villes turques subissent un chômage très élevé.

En raison des déplacements de population[112], le nombre d'habitants des villes kurdes qui ont accueilli les villageois qui fuyaient a fortement augmenté. Ces villageois se sentent plus en sécurité dans les villes. Ces transferts ont provoqué une surpopulation dans plusieurs villes kurdes. A Silopi, par exemple, la ville pouvait accueillir selon les autorités municipales 27 000 habitants en 1990. Mais, « il y avait tellement de villageois exilés que la population était passée à 85 000 personnes. Ils étaient obligés de vivre dans les mosquées, sous des tentes, et même dans l'abattoir. »

Ce même phénomène s'est encore observé dans la ville de Diyarbakir, qui comptait 200 000 habitants avant 1990, et plus d'un million en 1996.

Ainsi, si on prend en compte la population locale dans son ensemble, peu de Kurdes acceptent de devenir protecteur de village. Le nombre de protecteurs n'est pas précisément connu. Ce nombre estimé entre 30 000 à 65 000, varie par ailleurs du fait des recrutements, des démissions, des "licenciements" par les autorités. Parmi ceux qui acceptent, certains ont été accusés

---

[112] Ces déplacements de population ont pris deux formes. D'une part, la présence des militaires turcs dans les régions Kurdes de Turquie a sensiblement augmenté. Les perquisitions systématiques, les interrogatoires, les restrictions de nourriture, la torture, les menaces, les affrontements entre les combattants du PKK et les militaires, obligent les habitants à quitter leur village pour rejoindre les grandes villes. D'autre part, ces déplacements peuvent être dus à la décision des autorités turques de vider ou détruire tel ou tel village, pour des "raisons de sécurité".

par les autorités d'être complices des partisans. Ceci est particulièrement vrai depuis 1995, date à laquelle le PKK a décidé de cesser son action contre les protecteurs. D'ailleurs, depuis cette date, il arrive très souvent que les protecteurs de villages soupçonnés de collaboration avec le PKK soient tués par les militaires.

Plusieurs raisons ont contribué à limiter le nombre des protecteurs de village.

Premièrement, les protecteurs de village sont menacés constamment par les combattants du PKK qui les considèrent comme des traîtres. En même temps, les protecteurs de villages sont strictement contrôlés par les militaires : ceux qui n'exécutent pas correctement leur mission sont punis et considérés comme complices des partisans. Ceci ne peut que limiter le nombre de volontaires pour cette fonction.

Deuxièmement, la population kurde exerce très souvent une forte pression sur les protecteurs de villages. Beaucoup de commerçants kurdes de la région refusent de leur vendre leurs produits. Les chauffeurs de bus ou de camions refusent de les transporter, la population refuse de leur parler.

Troisièmement, pendant les opérations militaires contre les partisans, les militaires mettent toujours devant eux les protecteurs de villages, "parce qu'ils connaissent bien la région". Ils sont donc exposés, comme première cible, lors des accrochages.

Quatrièmement, la loi n° 74 sur la protection des villages n'a pas toujours été appliquée en totalité. Selon l'article 2 :

> « Les protecteurs de village et les protecteurs provisoires de village recevront une indemnité forfaitaire et un salaire sera accordé à leur

famille s'ils sont blessés, devenus infirmes ou décédés durant l'exercice de leurs fonctions. »[113]

Mais les événements contredisent fréquemment ces dispositions. Le 6 novembre 1991, après un affrontement entre des partisans et des protecteurs de village soutenus par l'armée turque, un des protecteurs du village de Gunde Diza (sous-préfecture de Sirvan, Préfecture de Siirt) a été tué. Sa femme, Medine Zorlu, a déclaré :

« Mon mari était protecteur de village depuis trois ans, lorsqu'il y avait un accrochage ou un affrontement, les protecteurs de village étaient au premier rang, bien qu'au moment du recrutement on leur avait demandé de protéger uniquement leur village, ils devaient aller se battre ailleurs aussi... Après le décès de mon mari, les autres protecteurs de notre village ont rendu les armes et ont quitté notre village, moi aussi je suis venue à Siirt avec mes neuf enfants... Nous sommes totalement démunis, pourquoi l'Etat refuse t-il de nous aider ? »[114]

Enfin les autorités outrepassent les dispositions légales en obligeant les protecteurs à intervenir dans des zones situées en dehors de leur village.

Le manque de coordination entre les Kurdes

La langue est un élément essentiel pour l'unification d'une Nation, c'est le ciment d'un peuple. Depuis la Première Guerre Mondiale, les Kurdes sont partagés entre cinq pays et sont tous interdits de l'usage de leur langue.

En Turquie, l'usage de la langue kurde, même oralement, a été interdit de 1924 à 1991, et puni de 1925 à 1956. Les noms des villages, des bourgades, des villes et des régions ont tous été

---

[113] *Resmi Gazete* (Journal Officiel), 4 avril 1985, n° 18715.
[114] Revue *Yeni Ülke* (Nouveau pays), 9-15 juin 1991.

changés. Des noms de famille turcs ont été imposés en 1924, lors de la "révolution des noms". La nouvelle République turque qui avait instauré l'obligation de porter un nom, interdisait dans le même temps l'emploi de prénoms kurdes. Des milliers de familles kurdes ont été contraintes par des fonctionnaires de l'état-civil de porter des noms tels que par exemple, "Turc", "Vrai Turc", "Fils de Turc", "Foyer turc", "Jeune Turc", "Heureux Turc", "Turc Courageux", "Turc libre" ... Ces Kurdes deviendront l'objet de moqueries de la part de certains écrivains turcs. Des familles célèbres porteront ce type de nom. Par exemple, Ahmet Türk (le Turc), issu d'une famille très influente qui défendait la cause kurde, passa plusieurs années en prison, accusé de "séparatisme". Plusieurs membres de sa famille furent tués ou emprisonnés. Il deviendra président du HEP (Halkin Emek Partisi : Parti travailliste du peuple, pro-kurde) en 1992. Mais malgré ses fonctions importantes, il ne pourra changer de nom de famille. Le 20 septembre 1992, dans le quotidien *Milliyet*, à la rubrique "sélection de presse", un journaliste turc, Teoman Erel, connu comme "démocrate", écrivait ceci sur Ahmet Türk :

> « Le nom de Monsieur Ahmet est un signe de paix. Il est très comique qu'une famille kurde si influente préfère ce nom "Türk", mais quand même, pour la République turque, ce nom donne une confiance. »

Mais alors que ce journaliste prétendait que Ahmet Türk avait choisi son nom, il faut encore rappeler que celui-ci lui avait été imposé.

Par ailleurs, le quotidien Özgür Gündem publia le 10 novembre 1992 une information précise à propos de l'utilisation des prénoms kurdes en Turquie. "Un enfant, né dans le village de Guveçli (commune d'Arguvan, département de Malatya) fut appelé Rojda (prénom kurde). Le procureur de la République, DA. Özbek, accusa les parents de Rojda sous le motif que ce prénom allait à l'encontre de la culture turque. Pendant le jugement, le juge, K.Yilmaz, demanda au père de Rojda,

G.Gürbüz :

« Où est-ce que vous avez trouvé ce nom ? il est interdit, c'est contre la culture turque, car les prénoms qui commencent par un "R" ne sont pas des prénoms turcs."

Le réponse de Monsieur Gürbüz a été la suivante :

"Rojda, c'était le prénom de ma grand-mère, ce nom n'est pas contre notre culture, ni contre nos traditions, en plus, actuellement en Turquie il y a des centaines de prénoms qui commencent par un "R", Recep, Ramazan, Rukiye, Rasit, Remzi, ces noms ne sont pas interdits. »

Mais le juge rétorqua :

« ce sont des noms arabes, ils ne sont pas contre la culture turque.(...) Il ne faut pas trop insister, même si vous amenez tous les avocats de Turquie, c'est interdit, nous allons interdire ce prénom. ».

Avant 1991, la réaction des autorités turques était telle que personne n'osait donner un prénom kurde à son enfant, ni faire appel à la justice. Les publications et les diffusions en langue kurde étaient strictement interdites, ce qui rendait très difficile la communication entre tous les Kurdes.

En Turquie, la population de deux villages kurdes distants de 40-50 km pouvait par exemple parler avec un accent différent ou bien remplacer de diverse manière certains mots kurdes par des mots turcs. Par exemple, si on prend la phrase : "mon frère est très jeune", les habitants d'un village utiliseront le mot "jeune" en turc et les autres mots en kurde, alors que dans un autre village, on utilisera le mot "très" en turc et le reste en kurde On peut donc imaginer les différences qui affectent la langue kurde ici et là.

Entre les Kurdes de différents pays, ceci se ressent encore plus nettement, car la langue kurde est influencée en Irak et en Syrie par la langue arabe, en Iran par la langue perse, en Turquie par la langue turque et dans l'ex-URSS par les langues des Etats où ils habitent (Arménie, Azérie et Géorgie,...). Certains intellectuels turcs prétendent y trouver la "preuve" que la langue kurde n'existe pas et qu'elle est un mélange d'autres langues.

Le manque de routes et de chemins de fer, ainsi que l'interdiction des radios, des télévisions, des livres et de la presse kurdes, aggravaient cette situation, ce qui entravait les relations politiques, sociales et économiques entre partis kurdes d'un même pays et entre partis kurdes de différents pays. C'est notamment l'ensemble des réalisations artistiques et architecturales qui caractérise et renforce l'unité d'un peuple.

Seconde Partie

Chapitre 1 - Les Kurdes et les Etats

Avant le partage des régions kurdes, qui était reconnu comme tel par les Sultans, entre les Empires perse et ottoman, en 1514, il n'existait pas d'entité politique kurde comme un Etat ou un Empire kurdes, mais seulement des principautés indépendantes disséminées dans cette région habités par des Kurdes[115]. Au XVIe siècle, après la bataille de 1514 qui avait opposé le Sultan Ottoman Selim Ier au Chah Ismail de Safavide, les principautés kurdes furent intégrées, selon les cas, à l'un ou l'autre des deux Empires. Cette date correspond à une première séparation de tribus, voire de familles kurdes qui vivaient dorénavant dans des entités politiques distinctes.

Dès le début du XVIe siècle, les nombreuses principautés et seigneuries kurdes, devinrent l'un des enjeux dans les relations antagonistes entre les Empires Ottoman et Perse. Les Perses cherchaient à répandre le Chiisme, religion d'Etat dans les pays voisins. Ils s'engagèrent dans une guerre religieuse en Mésopotamie qui toucha également les Principautés kurdes. Les Ottomans, qui avaient des visées expansionnistes vers l'Ouest, s'appuyaient de leur côté sur le sunnisme. Les princes kurdes pouvaient faciliter la tâche des Ottomans[116].

---

[115] Sur l'histoire des principautés kurdes, voir l'ouvrage de Cherif Khan, Prince de Bitlis, *Cheref-Nâmeh ou Faste de la Nation kurde*, écrit en 1596 en persan, traduit et édité par F. Charmoy (4 volumes, Petersbourg, 1868-1875).

[116] Les "féodaux" kurdes se sentent totalement libres. Un seigneur d'une vallée se considère plus "noble" qu'un Sultan de l'Empire Ottoman. Une déclaration faite par un seigneur kurde du XVIIe siècle à un envoyé du roi de France reflète bien cet état d'esprit.

"C'est moi qui suis empereur de ce pays, et non le sultan Ottoman. S'il est plus fort que moi, je suis plus noble que lui"

Cf. Petit de la Croix, *Relation de Douri Effendi*, Paris, 1810, p. 95. Cité par

En effet, la conquête de Constantinople en 1453 par les Ottomans élargissait l'Empire ottoman vers l'Ouest. En même temps, les Safavides attaquaient à l'Est les principautés kurdes. Les populations kurdes, qui étaient peu nombreuses par rapport à celles des deux grands empires, et qui vivaient dans des unités politiquement morcelées, ne pouvaient faire face aux assauts extérieurs. La défaite de plusieurs petites principautés permit aux Safavides d'obtenir une frontière avec l'Empire ottoman. Cet expansionnisme des Perses étant jugé très dangereux par les Ottomans, ils réagirent vivement et avec ruse. Le Sultan ottoman, qui savait que les Kurdes de la région étaient, en grande majorité sunnites, cherchait le soutien des principautés kurdes de la région pour se protéger du danger qui pouvait venir des Perses. L'association des princes kurdes sunnites semi-autonomes dans l'Empire ottoman, était à la fois comme des gardes-frontières vis-à-vis des Perses et une force d'intervention contre les Kizilbas (une confrérie musulmane semblable au Chiisme), cela rendait possible en contrepartie la « conservation d'une complète autonomie tout en reconnaissant la souveraineté du Sultan »[117].

Après l'intervention du Sultan, l'un des chefs spirituels, le Cheikh des principautés kurdes, Hekim Idris[118], parvint à persuader une vingtaine de chefs des principautés kurdes, qui soutenaient auparavant Chah Ismail, afin qu'ils changent de camp. Lors de la guerre de Tchaldyran, en 1514, les Kurdes jouèrent un rôle décisif en soutenant l'Empire ottoman qui sortit gagnant de cette guerre. Le résultat fut que la grande majorité des principautés kurdes passèrent sous la domination de l'Empire ottoman et qu'une autre partie resta sous la domination de l'Empire perse.

Kutschera C, *Le mouvement national kurde*, *op. cit.*, 1979, p. 13.

[117] Sellier J et A *Atlas des peuples d'Orient*, Paris, Découverte, 1993, p 126.

[118] Hekim Idris-î-Bidlisi est considéré par certains Kurdes comme un "traître national". Plutôt que de lutter pour l'indépendance, il avait préféré mettre les Kurdes sous le joug de l'Empire ottoman. Même aujourd'hui les intellectuels kurdes qui collaborent avec l'Etat sont appelés par certains Kurdes "les petits-fils d'Idris-î-Bidlisi".

Jean-Louis Bacqué-Gramont souligne :

« pendant ce temps des agents de la porte, dont le fameux chroniqueur Idris, ralliaient à la cause du Sultan les seigneurs kurdes locaux d'Anatolie orientale mécontents des mauvais procédés du Chah à leur égard. En 1515 les dernières poches de résistances safavide en Anatolie centrale furent ainsi réduites »[119].

Ces événements ont été caractérisés par Salah Jmor, un historien kurde d'Irak, comme il suit :

« Si la bataille fut limitée à la province de Diyarbakir, la soumission des Princes et des Begs[120] kurdes au Sultan dans la majeure partie du Kurdistan élargit l'influence ottomane jusqu'en Mésopotamie arabe et, vers l'Est , jusqu'à Hamdan et Barudjerd ».

De plus, selon Hammer,

« Outre (ces) neuf Begs, les plus influents du Kurdistan, seize autres encore s'étaient déclarés pour le sultan des Ottomans, et c'est auprès de tous ces chefs kurdes qu'Idris-î-Bidlisi avait été envoyé en qualité de commissaire ottoman pour recevoir d'eux l'hommage au nom du Sultan, et prendre possession du Kurdistan septentrional, depuis la frontière orientale, c'est-à-dire depuis Urmia (Ourmiyeh)..., jusqu'à la limite occidentale, où il touche à Malatia. »[121]

Par ailleurs, les Perses qui cherchaient à imposer à l'Ouest leur autorité dans les régions kurdes, s'efforçaient aussi de se protéger sur la frontière Est de leurs territoires des dangers que constituaient les tribus de l'Asie centrale, en particulier des

---

119 Jean-Louis Bacqué-Gramont, "L'apogée de l'empire Ottoman", Les événements (1512-1606), in Robert Mantran (dir.), *Histoire de l'Empire Ottoman, op. cit.*, p. 143.

120 Le terme "Begs" signifie "nobles".

121 Hammer de Joseph, *Histoire de l'Empire Ottoman*, Edition Française, Paris, Imprimerie de Béthune et Plon, 1844; 3 volumes, p. 427, cité par Salah Jmor, *L'origine de la question kurde, op. cit.*, 1994, p. 24.

Ouzbeks et des Turkmènes. Des milliers de familles kurdes furent déplacées au Khorassan, au Nord-Est de l'Iran à la frontière du Turkménistan où leurs descendants vivent toujours. Cela permettait dans le même temps de casser la résistance que pouvait représenter la région kurde. Les territoires kurdes devinrent ainsi un véritable champ de bataille entre les deux Empires pendant plus de cent ans. C'est seulement en 1639 que fut signé un traité de paix entre ces deux Empires, qui traça la frontière qui allait diviser formellement la région kurde.

Sous l'Empire Ottoman

> « Il s'agit bien d'un Empire qui rassemble des éléments hétérogènes sans chercher à les fondre dans un moule unique. Les territoires d'une multiplicité d'ethnies turques, tatars, arabes, persanes, kurdes, tziganes, berbères, coptes, grecques, arméniennes, slaves, albanaises, roumaines, hongroises... De nombreuses religions s'y côtoient : l'Islam y est représenté de façon prédominante sous sa forme sunnite »[122].

Une fois la guerre entre le Sultan ottoman Selim Ier et le Chah Ismail terminée, le Sultan Selim Ier récompensa les "féodaux" kurdes qui l'avaient soutenu. Il accepta que chacun d'eux conserve sa principauté, sous une forme indépendante pour les affaires intérieures. Cinq étaient des principautés indépendantes[123], huit des principautés autonomes et une

---

[122] Gilles Veinstein, "l'Empire dans sa Grandeur (XVIe siècle)", in Robert Mantran (dir.), *Histoire de l'Empire Ottoman, op. cit.*, p. 161.

[123] Ces principautés étaient Ardelan, Badinan, Bohtan, Soran, Zehew et Baban. A propos de l'organisation de ces "Etats", Basile Nikitine affirme :
"Ces Etats (n'étaient) pas organisés selon les principes du droit public occidental. La nature du pouvoir central, la cohésion des différentes parties de l'Etat, la compétence et le degré de responsabilité des autorités locales, les frontières politiques mêmes, tous ces traits sont excessivement variables d'un règne à l'autre, sans insister sur les périodes d'interrègne, de guerre, etc..., qui sont peut-être plus fréquentes que les périodes d'administration normale."
Basile Nikitine, *Les Kurdes, op. cit. p. 163.*

cinquantaine des Sandjaks (fiefs). Ils jouissaient de tous les attributs de la souveraineté. L'Empire ottoman avait maintenu la particularité de la minorité kurde. La tolérance du Sultan exigeait en contre partie la fidélité totale des Kurdes qui jouissaient des droits civils. Les minorités chrétiennes et juives étaient considérées comme des citoyens de statut inférieur, leur témoignage devant le tribunal n'était pas accepté contre un Turc musulman. Ils ne bénéficiaient d'aucune protection légale. Ce statut fut respecté jusqu'au début du XIXe siècle[124].

Un traité fut signé entre le Sultan et les principautés kurdes selon lequel :

1- Chaque principauté gardait son indépendance, 2- La direction de chaque principauté était héréditaire, se transmettait de père en fils et devait être approuvée par le Sultan, 3- Les Kurdes devaient participer à toutes les guerres de l'Empire. 4- l'Empire avait le devoir de protéger les Kurdes. 5- Les Kurdes étaient dans l'obligation d'offrir des cadeaux traditionnels au

---

124 A la différence des Sandjaks, l'organisation interne des principautés kurdes laissait le Prince libre pour les affaires intérieures. Il appliquait les "lois" comme un souverain indépendant. L'avenir du Prince et de sa famille était garanti par sa richesse protégée par le système héréditaire. Chaque principauté se composait de plusieurs clans, qui étaient indépendants pour leurs affaires intérieures. En cas d'hostilités entre les clans, c'est le Prince qui intervenait. Il nommait les fonctionnaires les plus importants de la principauté.
Au début du XIXe siècle, un voyageur anglais, Claude James Rich, décrivait la hiérarchie dans la principauté kurde de Baban (qui se trouve actuellement dans la région kurde d'Irak) comme il suit :

-"Premier Ministre : fonction qui se transmet de père en fils, il a des fonctions officielles et non officielles, il est responsable de tous les fonctionnaires.

-Selikdar : "celui qui porte un sabre", responsable de la sécurité, fonction héréditaire.

-Agha de la lumière : organisateur des cérémonies.

-Agha du harem : il s'occupe de la section des femmes.

-Imrahor : il s'occupe des chevaux."

Sur ce sujet, voir Rich C. J, *Narative of a residence in Kordistan*, 2 volumes, London, 1836 et Bruinessen M. B., *Agha, Sheikh and state*, op. cit, 1978.

Calife, c'est-à-dire de verser des cotisations et des redevances à la caisse du Calife ("Bait ul mal")[125].

Gellner s'oppose à ceux qui défendraient l'idée selon laquelle « le pouvoir traditionnel qui n'a pas subi de contamination idéologique, comme chez les Turcs ottomans, a su conserver la paix et prélever des impôts" et "qu'à part cela, il a été tolérant et, en fait, profondément indifférent à la diversité des fois et des cultures de ceux qu'il gouvernait". "Leurs successeurs armés" [Gellner ne mentionne pas explicitement la Nouvelle République Turque] sembleraient selon ces mêmes accusations vouloir "se saisir de l'esprit de la langue et de la culture de leurs sujets".

Si l'on interprète Gellner, cet accord entre les Principautés kurdes et l'Empire ottoman ne doit pas être compris comme permettant l'imposition par le haut d'un nationalisme. Pour lui, il est faux que ce soit à partir d'un *Machtbedürfniss* culturel volontaire que le nationalisme impose une homogénéité ; c'est le besoin objectif d'homogénéité qui se reflète dans le nationalisme". Dans ce cadre, "les populations illettrées, à demi-affamées, qui ont quitté en masse leur campagne et leur ghetto culturel (...), désirent ardemment l'intégration à une zone culturelle qui a, ou semble pouvoir acquérir, un Etat qui lui soit propre et qui promette de donner, ultérieurement, une totale citoyenneté culturelle (...) »[126].

Par cet accord, l'Empire ottoman cherchait seulement à consolider sa situation dans cette région, à la fois face aux chiites et face aux "gavour"[127].

---

[125] Publié par l'association kurde Haybun, *The case of Kurdistan against Turkey*, p 27. Cité par Garo Sasuni, *Kürt ulusal hareketleri ve 15 yüz yildan günümüze Ermeni Kürt iliskileri* (Les mouvements nationaux kurdes du XVe siècle à nos jours et les relations kurdo-arméniennes), Istanbul, 1992, p 25.

[126]Cf. Ernest Gellner, *Nations et Nationalisme*, *op. cit.*, p. 72.

[127] Ce mot, utilisé en particulier pour les Russes, désigne les non musulmans.

Mais le but principal du Sultan Selim était :

> « (...) à tout prix maintenir l'occupation du Kurdistan qui pouvait servir de base pour une expansion vers la Mésopotamie du Sud et vers l'Egypte. De ce fait, un an plus tard, traversant le Kurdistan, le Sultan a conquis Bagdad et Le Caire »[128].

Ces principautés vécurent une période très mouvementée, pendant plus d'un siècle, jusqu'en 1639, date à laquelle un traité fut signé entre les Empires perse et ottoman. Ce traité conclut au partage officiel des zones kurdes entre ces deux Empires. Les Kurdes, après le traité de paix avec l'Autriche en 1529 et la guerre avec les Safavides, ne purent ou ne cherchèrent qu'à conserver leur organisation en principauté tribales à travers la succession de différents grands empires. Même dans les moments de faiblesse de l'Empire ottoman, les principautés kurdes n'essayèrent pas de s'affranchir, même si des régions kurdes pouvaient parfois tomber sous leur contrôle. La division de ces principautés exposait la population kurde à la répression des Empires ottoman et perse.

Pour l'historien kurde Salah Jmor,

> « L'erreur historique d'Idris-î-Bidlisi dans l'organisation des affaires du Kurdistan fut fatale et conditionna toute l'histoire du peuple kurde. Au lieu de créer un Etat kurde centralisé avec une armée forte pour défendre le Kurdistan devant les menaces permanentes venant aussi bien de l'Est de l'Empire perse que de l'Ouest de l'Empire ottoman, le Prince avait divisé le Kurdistan en vingt-trois principautés (Kurd Hukûmeti). Par la suite, le sultan put aisément entretenir les divisions, provoquer des rivalités et susciter des conflits entre les princes kurdes. De plus, cette réorganisation avait détruit l'ancienne structure administrative du Kurdistan en harmonie

---

[128] Salah Jmor, *L'origine de la question kurde*, *op. cit.*, p 25.
Remarquons également que l'Egypte est devenue en 1517 un Pachalik turc.

avec la nature du pays ce qui permit aux Turcs d'y maintenir plus facilement leur domination ».[129]

Cette façon d'interpréter les événements est à notre avis anachronique, car elle reflète un point de vue "moderne" et "nationaliste". A l'époque d'Idris-î-Bidlisi, le phénomène national était inconnu. Ces empires, qui n'étaient pas des Etats-Nations, pouvaient de leur côté parfaitement s'accommoder de ces principautés situées dans les confins montagneux, difficilement accessibles, d'autant plus qu'ils étaient compatibles avec leur stratégie militaire.

Gilles Veinstein remarquait sur ce point :

« Dans les zones de montagnes peuplées de nomades difficiles à contrôler, la porte laissa une large autonomie à des chefs tribaux traditionnels : trente "gouvernements" (*hükümet*) furent ainsi reconnus en Arménie et au Kurdistan »[130].

En outre, le système tribal et ses rivalités ne contribuaient pas à la formation d'une conscience nationale kurde.

Le XIXe siècle fut une période très mouvementée qui souligne l'affaiblissement de l'Empire Ottoman. C'est à cette époque qu'émergèrent des idées nationalistes, la Serbie et la Grèce accédant à l'indépendance. Dès lors, les révoltes se succédèrent dans les principautés kurdes. Dès 1830, les Ottomans entreprirent de consolider leurs positions dans la région kurde, où une douzaine d'Emirs se partageaient le pouvoir, malgré la faiblesse de l'Empire en général et en particulier par la perte de certaines régions à l'Ouest, comme la Serbie et la Grèce. Le fameux Général allemand Moltke qui était alors conseiller militaire du Commandant ottoman Hafiz Pasa démantela les principautés kurdes les unes après les autres. Les lettres que le Général Moltke écrivait à sa mère, dans lesquelles il décrivait la situation de guerre et l'état de la population locale,

---

[129] *Ibid,* p 25-26.

[130] Gilles Veinstein, "L'Empire dans sa Grandeur (XVIe siècle)", in Robert Mantran (dir.), *Histoire de l'Empire Ottoman, op. cit.*, p. 207.

nous donnent une idée des événements dramatiques et du manque d'organisation des Kurdes.

> « (...) Des milliers d'innocents sont massacrés, des milliers de villages sont détruits, mais les combattants kurdes n'ont pas baissé leurs armes. Jusqu'à ce qu'une administration juste soit établie pour les Kurdes, toutes les expéditions militaires de l'Empire ottoman ne seront efficaces que pour une durée limitée. »
> « (...) En 1838, à la guerre qui se déroulait dans la région de Harzan, 600 Kurdes avaient pris position au sommet de la montagne. Ils se sont battus jusqu'au dernier homme. Parmi les femmes, cinquante qui ne voulaient pas être capturées par les soldats se sont jetées de la montagne dans le fleuve, elles sont mortes. (...) Une fois la guerre terminée, nous avons constaté que des centaines de femmes et d'enfants avaient été tués par les baïonnettes des soldats ottomans... ».[131]

Pourquoi la Grèce qui se situe à quelques kilomètres de Constantinople (Istanbul) est-elle parvenue à être indépendante alors que les principautés kurdes qui se trouvent si loin, n'y sont pas parvenues ? Bien que nous puissions penser que l'absence de "noblesse", et le fait que les Kurdes soient comme le Sultan, musulmans sunnites, leur opposition au chef spirituel, le "Calife", ne devait pas être une tâche facile à accomplir. Le fait que certains chefs kurdes aient osé se révolter individuellement contre l'injustice commise par l'armée du Sultan ne saurait constituer une explication à elle seule.

Les attaques successives de l'armée ottomane lancées contre les principautés kurdes avaient dès le XIXe siècle affaibli leurs structures. « Après l'échec de Bedir Khan et son exil (1847) à Candie et à Damas où il est rejoint par de nombreux Kurdes, la société kurde est pratiquement décapitée. La structure tribale demeure, mais privée de ses chefs. Une nouvelle classe de dirigeants prend alors la relève : ce sont les Cheikhs »[132].

---

[131] Maréchal de Moltke, *Lettres du Maréchal de Moltke sur l'Orient à sa mère et à ses frères*, traduit par Alfred Marchand, Paris, 1877, p. 213-215.
[132] Chris Kutschera, *Le Défi Kurde ou le rêve fou de l'indépendance*, Paris,

Les Cheikhs[133], hommes religieux fidèles au Sultan Calife étaient soutenus par l'Empire. Les terres confisquées aux dépens des principautés kurdes furent remises aux chefs religieux Cheikhs à partir de 1858. La puissance économique des Cheikhs grandit, alors qu'avant 1850 leur action était subordonnée à la politique des chefs principautaires. Mais, à partir des années 1850 leur influence ne connut aucune frontière tribale. Le Sultan voulait faire face aussi au danger des Russes et des Arméniens non musulmans et voulait punir les "féodaux" kurdes qui s'étaient opposés à lui, et utiliser les pouvoirs religieux des Cheikhs fidèles au Sultan. Il leur fit prendre la place des "féodaux" kurdes. Les Cheikhs prêchaient la parole du prophète par l'intermédiaire des Derviches (aspirants) et des Murides (disciples).

« Le dervichisme kurde est organisé sur le plan tribal. Le Cheikh, détenteur de la vraie doctrine, l'enseigne et l'interprète dans sa résidence entourée de ses disciples, dont les meilleurs deviennent ensuite ses représentants auprès des tribus. Le pays entier des Kurdes étant ainsi couvert d'un réseau de 'cellules mystiques' coïncidant avec la géographie des tribus. »[134]

Les Cheikhs canalisaient ainsi le dévouement de leurs disciples dans une relation de soumission loyale à sa personne. Ils pouvaient servir à la fois à une mobilisation plus large dans la révolte ou à l'inverse dans la lutte contre la révolte. Le prestige de Cheikh repose sur une généalogie glorieuse, mais également sur un pouvoir, d'autant plus illimité que par définition il échappe au domaine du visible et du rationnel.

Bayard Editions politiques, 1997, p. 13.

133 Le Cheikh est considéré comme le représentant du prophète Mahomet pour atteindre Dieu. Concernant le sujet voir Hakim Helkawt, *La confrérie des Naqshibendis au Kurdistan au XIXe siècle*, Thèse de doctorat de 3e cycle, Paris IV, juin 1983, 350 pages.

134 Mohamed Hachemi Behrouz, *Les mouvements kurdes en Iran : l'insurrection d'Ismail Axa (Simko), 1918-1930*, Thèse de doctorat, Université de Paris VII, p. 46.

Bedar fait les remarques suivantes concernent l'influence des Cheikhs sur la population :

« Un Cheikh connaît tous les secrets et écoute tous les cœurs; il est tout puissant en esprit et en corps; il va intérieurement, comme ils disent, à la guerre, quand tout autour de lui est silence [...]. La nuit, il monte son coursier, tandis qu'il ne quitte pas son lit, et fendant les airs avec la rapidité de l'éclair, il franchit des espaces incommensurables [...]. Il ne s'arrête que devant les rangs ennemis, en pleine armée des infidèles, qu'il perce de ses dards et accable de ses coups. Après les avoir exterminés, il rentre triomphant et regagne eu un clin d'oeil sa demeure, toujours, invincible et toujours invulnérable »[135].

« Ils sont considérés par leurs adeptes comme des prophètes, ils sont très respectés par tous. Ils ont des choses à dire pour mettre fin à l'hostilité. Il y a une hiérarchie mais il n'y a pas centrisme. Il y a des concurrences entre les cheikhs. Leurs revenus viennent des pauvres paysans. Le consul anglais de Vannes les considère comme des bandits. Certains Cheikhs ne sont pas différents des bandits, ils utilisent leurs forces sur les petits aghas »[136].

Cette époque correspond aussi aux réformes radicales de l'Empire ottoman et au début de l'autonomie des peuples de l'Empire. En 1826 le régiment des Janissaires (le terme Ottoman est Yeniçeri) fut détruit. Les réformes militaires modernisatrices commencèrent dans l'Empire. En 1839 eurent lieu les réformes de Tanzimat[137].

---

[135] Bedar, 1920, cité in Chris Kutschera, *Le Défi Kurde ou le rêve fou de l'indépendance*, *op. cit.*, p. 13.

[136] B. Dicson, "Journeys in Kurdistan", *The Geographical Journal*, 1910, pp 357-379. Cité par Martin van Bruinessen, *op. cit*, p. 249.

[137] Le terme Tanzimat (mot arabe pluriel de "tanzim" : règlement) est utilisé pour désigner la période 1839-1876 de l'Empire ottoman caractérisée par une série de réformes qui pouvaient être qualifiées de sécularisantes . Ces dernières étaient l'œuvre de quelques ministres qui bénéficiaient de la confiance des sultans au pouvoir. Tout en donnant une grande importance à la loi islamique, ils poursuivaient une politique "modernisatrice". Les réformes du Tanzimat furent les premières réformes écrites destinées à changer les structures socio-politiques du pays. Elles étaient marquées par la

Yousef Courbage et Philippe Farques remarquaient :

« La séduction de la modernité touche d'abord les communautés chrétiennes et juives. (...). Les Ottomans abolirent les statuts de discrimination confessionnelle par une série de réformes fiscales et civiques. »[138]

De son côté, Robert Mantran soulignait l'importance de la période au cours de laquelle cette politique prenait forme :

« Cette politique de réforme est lancée au moment où de graves conflits menacent l'intégrité de l'Empire : la Serbie accède à l'autonomie (1815-1823), la Grèce devient indépendante (1821-1829), et l'Egypte autonome (1831-1841). »[139]

En 1856, le Traité de Paris fut signé entre l'Empire Ottoman et les pays occidentaux. Il affirmait l'égalité en droit pour les minorités (non musulmanes), à la fois pour calmer les Occidentaux et en même temps pour susciter un loyalisme ottoman (ottomanisme) substitut impérial à la Nation. L'égalité en droit et l'ottomanisme n'avaient pas aboli les particularismes des "millet" (peuples). Ceux-ci s'étaient au contraire multipliés, institutionnalisés et partiellement laïcisés. En fait, ces particularismes devinrent des "privilèges" (auparavant il s'agissait d'infériorité) auxquels les Occidentaux étaient

personnalité des ministres responsables (comme le Grand Vizir Mustafa Resit Pacha). C'était principalement des réformes scolaires, des réformes pour les résidents étrangers, des réformes pour les droits de l'homme, concernant par exemple la liberté, la sécurité des personnes et des biens (Charte de Gülhane - Gülhane Hat-ti Humayum - parc situé à Istanbul, près du Palais de Topkapi - proclamée le 3 novembre 1839 par le Sultan Abdul Medjit). En vertu de celles-ci tous les sujets de l'Empire devenaient égaux devant la loi, quelles que soient leur religion et leur nationalité. On doit bien comprendre que les Tanzimats correspondaient à une recentralisation despotique du pouvoir et à l'affirmation d'une sorte de pouvoir "législatif" du sultan étranger au "sultanisme traditionnel".

[138] Yousef Courbage, Philippe Farques, *Chrétiens et Juifs dans l'Islam arabe et turc*, Paris, Fayard, 1992, p. 213.

[139] Cf. Robert Mantran, *Histoire d'Istanbul*, *op. cit*, p. 282.

favorables (l'égalité devant la loi ne les intéressait guère concernant l'Empire ottoman sauf à supprimer les infériorités, mais ils n'étaient pas favorables à la garantie institutionnalisée des privilèges). Les réformes Tanzimates furent profondément ambiguës. Il s'agissait à la fois de mesures de modernisation pour sauver l'Empire (avec des modèles occidentaux) et de concessions aux exigences occidentales (parce que l'Empire en avait besoin). La Constitution de 1876 fut largement marquée par le même genre d'ambiguïté. Constatant ses faiblesses intérieures et extérieures les Ottomans signèrent avec les Perses le traité d'Erzurum en 1847 pour consolider la frontière de l'Est.

Cependant l'institution Cheikh prit un grand élan et obtint le soutien systématique du Sultan, car les Cheikhs s'intéressaient également aux affaires publiques. Ils résolvaient les litiges et guidaient les hommes vers la "bonne voie". Les confréries Soufis (Nakchibendiya en particulier) jouèrent un rôle important. Soutenant les Cheikhs kurdes, le Sultan Hamid (1876-1909) appliqua une politique pan-islamiste en utilisant sa fonction de Calife[140]. Il voulait instaurer un Etat islamique pour cimenter le loyalisme ottoman et pour se faire reconnaître le droit d'intervenir concernant les Musulmans hors de l'Empire. Il cherchait à limiter et à se protéger des invasions russes de 1855, 1856 et 1878 soutenues par les Arméniens vivant dans l'Empire Ottoman qui inquiétaient de plus en plus l'Empire.

Ces changements de politique du Sultan n'empêchèrent pas de nombreux soulèvements kurdes de se succéder sous la

---

[140] Calife signifie successeur de Mahomet. Pour être élu Calife il faut appartenir à la tribu des Quraych dont est originaire Mahomet. Après 1517, le Calife est passé aux Turcs ottomans suite à l'annexion de l'Egypte par les Turcs. Le Sultan ottoman n'a vraiment revendiqué haut et fort le Calife qu'au XIXe siècle à partir du Traité de Kücük Kaynarca et tout particulièrement sous Abdul Hamid. Auparavant les Sultans le revendiquaient peu. La succession se faisait à l'intérieur de la famille. Le Sultan était dans le même temps Calife. Le Calife a été aboli par Atatürk après la création du nouvel Etat turc, en 1924.

conduite des Princes kurdes[141] dont certains étaient aussi des Cheikhs. Deux de ces soulèvements prirent une ampleur régionale et furent considérés comme une menace des plus sérieuses depuis la domination de l'Empire sur les régions kurdes. Le premier était conduit par Yezdan Sher (1853-1855) et le second était dirigé par Cheikh Oubeidullah Nehri (1879-1881). Ce dernier soulèvement se déclencha sur le territoire kurde sous domination perse et s'étendit jusqu'au territoire kurde sous domination de l'Empire ottoman. Ces deux chefs profitaient de ce que l'Empire ottoman commençait à se désagréger. Pour limiter les dangers venant de l'intérieur comme de l'extérieur, le Sultan Hamid créa une armée spéciale, "Hamidiye Alaylari" qui était constituée de quelques ethnies kurdes principalement fidèles à l'Empire. Elle était chargée de surveiller la sécurité des frontières orientales de l'Empire et de prendre sous son contrôle les forces kurdes opposées au régime. Plus tard ces régiments participèrent au génocide des Arméniens sous les ordres des autorités ottomanes[142]. Face aux Kurdes, le Sultan Hamid utilisa sa fonction de Sultan et sa fonction religieuse de Calife. Ce système perdura pendant la Première Guerre mondiale où les Kurdes participèrent à la guerre comme soldats de l'Empire.

A la fin du XIXe siècle, l'Empire ottoman était encore plus affaibli, à la fois sur le plan national et international. Le surendettement et l'application du régime des capitulations par les pays européens (Angleterre, France, Italie, Autriche) en constituaient les principales causes extérieures, selon la plupart des historiens turcs contemporains. La prise du pouvoir par les Jeunes-Turcs[143] (1908-1918) ouvrit un espoir pour les représentants kurdes qui avaient soutenu le mouvement des

---

[141] Prince Bedir Khan, 1821-1847, Yezdan Sher, 1853-1855, Cheikh Oubeidoullah, 1879-1881.

[142] Nous avons développé ce sujet dans la première partie : "les forces spéciales kurdes contre les Kurdes".

[143] Sur les Jeunes-Turcs, voir, Kendal, Le Kurdistan de Turquie, in Gérard Chaliand (dir.), *Les Kurdes et le Kurdistan*, *op. cit.*, p. 53s.

Jeunes-Turcs[144]. Les Jeunes-Turcs avaient créé des associations nationalistes, comme l'association "Turk Dernegi", qui rassemblait des intellectuels pour développer les idées nationalistes. Ils voulaient diffuser leurs idées en purifiant et en simplifiant la langue turque. A cette époque déjà, ils réclamaient que la langue turque soit utilisée dans l'ensemble de l'Empire. L'association la plus connue était celle qui avait été créée autour de la revue Genç Kalemler (Les jeunes plumes). Parmi eux se trouvait Ziya Gökalp, qui défendait l'idée selon laquelle "La patrie des Turcs, ce n'est ni la Turquie, ni le Turkistan, c'est une terre vaste et éternelle : le Turan".

Les Jeunes-Turcs d'abord réunis à Paris, puis à Istanbul, étaient influencés par la révolution française qui était centenaire. Leur idée force était de créer une véritable communauté ottomane et de supprimer "les millets" (communautés religieuses ethniques non musulmanes) qui instauraient une séparation de fait entre musulmans et non musulmans. Ces communautés exprimaient leur différence dans l'Empire. On peut dire qu'à cette époque, les Jeunes-Turcs veulent déjà centraliser le pays, en défendant le principe de l'indivision de l'Etat. Pour eux, les individus devaient être égaux devant la loi.

« Dans cet Empire musulman, les Jeunes-Turcs proclamaient des droits égaux pour tous les individus, sans distinction entre croyants et infidèles »[145].

On peut ainsi constater, comme le fait Bernard Lewis, que la participation des minorités non musulmanes au mouvement des Jeunes-Turcs n'était pas négligeable :

---

[144] Il est intéressant de préciser que les quatre principaux fondateurs du mouvement Jeunes-Turcs, ne sont pas d'origine turque. Ibrahim Temo est un Albanais d'Ochride, Mehmet Resit est un Circassien du Caucase, Abdullah Cevdet et Ishak Sükuti sont deux Kurdes de Diyarbakir et de Malatiya.
Cf. Kuran M. Milli Mücadele (La Lutte Nationale), Istanbul, 1956. Cité par Jean-Paul Garnier, *La Fin de l'empire Ottoman*, Paris, Plon, 1973, p. 79.

[145] Jean-Paul Garnier, *La fin de l'Empire ottoman*, Plon, 1973, p. 80.

« Au tout début du XXe siècle, des dirigeants arméniens aideraient les Jeunes-Turcs à renverser le pouvoir despotique du Sultan Abdul Hamid II et à mener à bien la révolution de 1908, la premier gouvernement Jeunes-Turcs aurait même pendant un temps, un Arménien pour Ministre des Affaires étrangères. »[146]

Cependant, les Jeunes-Turcs "jouaient" avec ce principe d'égalité. Les minorités d'Istanbul furent en fait visées par les Jeunes-Turcs. Ceci fut particulièrement vrai pour la communauté arménienne qui compta plusieurs milliers de victimes. Se sentant menacés, les millets grecs, juifs, arméniens demandèrent leur autonomie culturelle. Une requête fut déposée au parlement par les députés non Turcs, Arabes, Kurdes, Slaves, Arménien, Grecs, et Juifs. Pour répondre à cette opposition, les Jeunes-Turcs firent voter en août 1909 une loi interdisant les associations politiques ayant pour base la race ou la nationalité et tentèrent d'uniformiser l'enseignement en rendant obligatoire l'emploi de la langue turque[147].

Quelques années plus tôt, quelques intellectuels kurdes basés à Istanbul au moment de la Révolution "Jeunes Turcs" (qui fut la conséquence d'une politique de promotion d'Abdul Hamid) avaient créé des associations et fondé des journaux pour la diffusion de la langue kurde en prenant comme exemple les associations créées par les Jeunes-Turcs.

« On constate qu'historiquement le nationalisme kurde a commencé à se manifester sous sa forme moderne, précisément en même temps que les nationalismes arabe et turc, c'est à dire à la fin du XIXe siècle et au début du XXe siècle et d'abord sous une forme culturelle »[148].

Mais les intellectuels kurdes n'étaient pas forcément "décentralisateurs". Juste après la "révolution" des Jeunes-Turcs,

---

146 Bernard Lewis, *Histoire du Moyen-Orient*, Paris, A. Michel, 1997,p. 360.
147 Cf. Robert Mantran, *Histoire d'Istanbul, op. cit.*, p. 313.
148 Jean-Pierre Viennot, *Le Mouvement national kurde*, Revue Orient n° 32-33, 1965, p. 30.

l'émir Ali Bedir Khan Bey, le général Chériff Pacha et le Cheikh Abdul Qadyr (fils d'Oubeidulleh et président du Sénat Ottoman) fondèrent une association, *Taali we Terraki Kurdistan* (Relèvement et Progrès du Kurdistan), qui publia un journal en turc, *Kurt Teavun we Terraki Gazetesi* (Le journal Kurde d'Entraide et de Progrès). Un autre groupe fonda, en 1908, un comité kurde pour la diffusion et l'instruction en langue kurde, *Kurt Nechri Maarif Cemiyeti.* D'autres intellectuels kurdes, en contact avec les régions kurdes, créèrent des clubs kurdes, *Kürt Kulüpleri,* dans différentes villes kurdes (Bitlis, Diyarbakir, Mus, Mossoul, Erzourum...). A la différence des autres, ces clubs possédaient une branche militaire.

On peut également remarquer que ces nationalistes kurdes étaient toujours pris dans des querelles internes. Leurs démarches étaient toujours restées très limitées. La mutinerie du 31 mars 1909, (31 mart vakasi), qui fut une révolte islamiste contre le pouvoir prit également pour cible les Jeunes-Turcs. Les mutins réclamèrent la démission du ministre de la guerre. Environ un mois après, le 14 avril 1909, les Jeunes-Turcs retournèrent au pouvoir. Abdul Hamid fut exilé et remplacé par son frère Mehmed Rechad.

Les activités kurdes furent alors interdites par les Jeunes Turcs, à Istanbul. Des dirigeants d'associations furent assassinés, emprisonnés ou exilés à l'étranger. C'était probablement le fonctionnement des clubs kurdes qui avait inquiété le plus les Jeunes-Turcs. Le fait que ces organisations n'étaient pas clandestines avait facilité la répression des autorités turques. Les réactions dans les régions kurdes face à ces événements vécus à Istanbul restèrent sans grand impact. Si la révolte de Cheikh Abdulsselam, qui était le père de Moustafa Barzani, marqua le début de la lutte du clan Barzani, elle restait isolée. Les Kurdes de ces régions durent subir une même politique répressive. Une politique de déportation fut mise en place, jusqu'à la Première Guerre Mondiale. Une partie de la population kurde fut déplacée dans des villes turques à l'Ouest, telles que Kirsehir, Nevsehir, Konya, et Ankara.

Les Kurdes ripostèrent immédiatement à ces exactions. Des révoltes kurdes éclatèrent un peu partout. Les plus importantes furent celle menée sous la direction de Cheikh Mahmoud à Mossoul et à Suleymanie, et celle menée par Cheikh Abdulselam (le père de Moustafa Barzani). Ces révoltes successives obligèrent les Jeunes-Turcs à atténuer leur pression sur les Kurdes d'Istanbul. Ces derniers purent ainsi reprendre leurs activités associatives et politiques. D'un autre côté, certains Kurdes prirent une place aux côté des Jeunes-Turcs. Tel fut le cas de Ziya Gökalp et de Abdullah Cevdet, qui deviendront les figures emblématiques du nationalisme turc.

C'est dans cette atmosphère que des Jeunes-Turcs comme Enver, Talat et Cemal Pacha, essayèrent de réaliser leur rêve : « le Touran », c'est-à-dire, la Grande Turquie. Les non Turcs — mis à part les idéologues purs et durs qui soutenaient les Jeunes-Turcs — étaient exclus des partis. Pour réaliser leur idéal, les Jeunes-Turcs participèrent à la Première Guerre mondiale, en 1914 au cours de laquelle l'Empire ottoman s'allia à l'Allemagne. Une partie importante des Kurdes fut enrôlée dans cette guerre, qui fut déclarée comme "sainte" par le remplaçant d'Abdul Hamid, le Sultan-Calife Rechad.

Cependant, l'événement le plus marquant de cette période restait le génocide des Arméniens orchestré par les Jeunes-Turcs.

> « Il y a eu, de la part des Unionistes au pouvoir à Istanbul, une volonté patente d'exterminer tout un peuple. Cette extermination a été planifiée et exécutée de manière systématique »[149].

L'armistice de Moundros (30 octobre 1918) mettant fin à la guerre, les Unionistes prirent la fuite. Le rêve des Jeunes-Turcs se brisa : l'Empire sera partagé entre les vainqueurs, sauf l'Anatolie centrale et une partie du littoral de la mer Noire.

A la suite de la chute de l'Empire ottoman, les Français et les

---

[149] Paul Dumont, *La mort d'un Empire*, in Mantran, *Histoire de l'Empire Ottoman*, op.cit., p. 623.

Anglais se partagèrent le Proche-Orient. Résultat d'un découpage arbitraire, les régions d'Irak, de Jordanie et de Palestine furent placées sous mandat britannique. Celles de Syrie et du Liban furent quant à elles sous mandat français [150]. Les conférences et les traités se succèdent entre les Alliés et l'Empire ottoman pour tracer les nouvelles frontières du Moyen-Orient. Le Président américain Wilson évoque pour la première fois le "droit des Nations à disposer d'elles-mêmes". La question kurde commence à être débattue par les grandes puissances. Comme les discussions relatives à la Mésopotamie (l'Irak), la Syrie, l'Arménie et la Palestine, elle devient un point de discussion entre les Alliés.

D'autre part les élites turques, auparavant pan-ottomanistes puis pan-islamistes, changèrent d'objectifs pour devenir pan-turquistes. François Georgeon remarque ainsi :

> « Le Panturquisme est une idée neuve. Le sentiment qu'il existe une unité entre les différents peuples turcs qui s'étendent des Balkans jusqu'à la Chine est lui-même très récent. Dans l'Empire Ottoman, l'identité turque avait été masquée sous l'appartenance à l'Islam : avant d'être turc, kurde, albanais, ou arabe, on était musulman. Le fait d'être turc ne constituait nullement un privilège, sauf dans la mesure où la connaissance du turc ottoman était nécessaire pour faire partie de la machine administrative »[151].

En 1911 dans son poème "Turan", Ziya Gökalp[152], d'origine kurde, qui devint le chef spirituel du nationalisme turque[153],

---

[150] A cette date ces Etats n'existaient pas. L'Irak deviendra un état indépendant en 1932, et la Jordanie, la Syrie et le Liban en 1946.

[151] Cf. François Georgeon, "Le rêve panturc", in Stéphane Yerasimos, *Les Turcs, Orient et Occident, l'Islam et laïcité,* Autrement, Paris, 1994, p. 194.

[152] Ziya Gökalp (1876-1924) est né à Diyarbakir de son vrai nom, Mehmet Ziya. Il était fils d'un fonctionnaire kurde. Il s'est marié avec la fille de son oncle maternel en 1900. Il sera élu au conseil national de Ittihat Terraki en 1910, date à la quelle il changea son nom et devint Ziya Gökalp. Il écrivit dans la revue turque *Genç Kalemler* (Les jeunes Plumes), publié par Ömer Seyfettin et Ali Cenap. Il parlait le français, l'Arabe et le Perse.

[153] Cependant il est important de souligner que Ziya Gökalp n'est pas le

considérait dorénavant que la vraie patrie culturelle n'était "ni la Turquie ni le Turkestan mais un pays immense et éternel : Turan"[154]. Ziya Gökalp, comme Abdullah Cevdet[155], avait été le défenseur dans le passé d'une "cause" kurde avant de devenir ardent défenseur du Turquisme[156].

---

créateur du nationalisme turc. Comme le précise François Georgeon "avant Ziya Bey (Gökalp) le turquisme existait et il y avait déjà des turquistes". Cf : François Georgeon, *Aux origines du nationalisme Turc (Yusuf Akçura 1876-1935)*, Institut d'Etudes Anatoliennes, ADPF, Paris, 1980, p. 135.

[154] Turan : nom donné par les anciens Persans au pays des Seythes par opposition à Iran "pays pur". Le nom fut généralement admis pour désigner la plaine du nord de l'Iran entourée des montagnes à l'ouest de l'Asie centrale, de la mer Caspienne et des hauteurs des steppes kirghizes.

[155] D'origine kurde, Abdullah Cevdet est né en 1869 à Diyarbakir. Il est l'un des fondateurs du mouvement jeunes-turcs. Il exerçait la profession de médecin. C'est un occidentaliste convaincu. Dans son journal *L'Idjihad*, on trouve le programme du mouvement dans lequel y était proposées, l'adoption de l'alphabet latin, la modernisation de la famille, la laïcisation, la défense des droits des femmes. Il est mort en 1932.

[156] Le Panturquisme est l'idéologie nationaliste turque qui a pour ambition de rassembler au sein d'un même empire *"le monde turc, de la mer Adriatique à la muraille de Chine"*. Le Panturquisme repose sur la conviction que tous les peuples turcophones doivent être unis (union culturelle, sinon politique) en un même ensemble étendu de l'Asie centrale à la mer Adriatique (Albanie, Bosnie). L'âge d'or, qui renvoyait à l'époque où Touran, l'ancêtre des Turcs, luttait contre Aria, l'ancêtre des Aryens, sera alors reconstitué contre les Arméniens (ennemis intérieurs). Ces derniers qui faisaient obstacle à la continuité géographique de ces *"territoires turcs"*, devaient être éliminés d'après les tenants de cette idéologie, calquée sur le pangermanisme et le panslavisme. Ce courant qui apparaît en 1912 chez les idéologues, a été développé par les Jeunes Turcs à cette époque et chez les gouvernants pendant la guerre, après la révolution russe. Au cours de cette période, plus d'un million deux cent mille Arméniens ont été déportés. Nombre d'entre eux moururent sur les routes de la déportation ou seront massacrés. Successeur des jeunes Turcs, Mustafa Kemal, dit "Atatürk" depuis 1935 (ce qui signifie le père des Turcs) a ramené les ambitions territoriales turques aux frontières actuelles de la Turquie, tout en poursuivant une politique systématique d'assimilation et de déportation des Kurdes de Turquie. Depuis l'éclatement de l'Union Soviétique, les dirigeants turcs parlent très souvent de "la Grande Turquie, terre de nos ancêtres".

Ces élites militaient en faveur de la création d'un Empire turc qui s'étendrait de la mer Adriatique à l'Asie centrale. Après l'éclatement de l'Empire soviétique et l'indépendance des pays turcophones en Asie centrale les plus hauts dirigeants de Turquie utiliseront les mêmes arguments.

Les Kurdes sont en conflit sur le devenir de leur Nation : certains évoquent un statut d'autonomie dans le cadre de l'Empire. D'autres proposent l'indépendance totale. Ce débat se posera concrètement lors du traité de Sèvres qui sera signé le 10 août 1920 par les puissances victorieuses. Par ce traité, les Kurdes devaient accéder à l'autonomie puis à l'indépendance d'une partie des régions kurdes[157]. Le génocide des Arméniens en 1915 avait contribué à l'affaiblissement de l'Empire vis-à-vis des pays occidentaux. Bien qu'ils condamnèrent le génocide des Arméniens qui étaient aussi chrétiens, les pays occidentaux chrétiens n'étaient pas intervenus directement Ce génocide contribua à l'idée du Traité de Sèvres d'une grande Arménie, mais sans que cela n'aboutisse.

Après le traité de Sèvres, Mustafa Kemal (1880-1938), qui est commandant, devient l'homme fort s'opposant au Sultan. Il cherche à annuler ce traité. Il mobilise le soutien de notables kurdes qui ont beaucoup d'influence sur la population. Il organise avec eux les congrès d'Erzurum (1919) et de Sivas (1920). Mustafa Kemal veut s'assurer du soutien des Kurdes dans la guerre d'indépendance menée contre les Anglais et les Français et se préserver du danger arménien. Il se propose de libérer le territoire musulman occupé par les "gavours" (nom donné aux Chrétiens) pour créer un "Etat turc et kurde".

[157] Les nouvelles frontières de l'Arménie, de la Turquie et de l'Irak ne laissent la place qu'à un territoire minuscule pour les Kurdes. En réalité, il s'agissait pour les britanniques d'une éventualité, dans la mesure où cela pouvait servir à garantir l'acquisition du Vilayet de Mossoul. Celui-ci, qui n'aurait en principe pas dû revenir aux Britanniques, était un élément qui pouvait servir à un éventuel marchandage sur le plan diplomatique avec les Ottomans.

Cette alliance kurdo-turque, qui prit une ampleur nationale, donne lieu à toute une série de succès de Mustafa Kemal entre 1920 et 1922, notamment face aux Grecs qu'il chasse d'Anatolie, obligeant les Alliés à revenir sur leur décision. Le traité de Sèvres n'étant pas ratifié[158], un nouveau traité est signé entre les Alliés[159] et les nouveaux dirigeants de l'Etat turc : le traité de Lausanne, le 24 juillet 1923. Les frontières de l'Etat turc sont tracées[160]. Ce traité ne mentionne pas les Kurdes, mais seulement les minorités non musulmanes (Arméniens, Grecs et Juifs). Son article 39 consacré à la protection des minorités de Turquie ne concernait même pas les minorités musulmanes, celles-ci ayant été déclarées "entièrement satisfaites de leur sort en Turquie" par la délégation turque.

Avec ce traité, la majeure partie des régions kurdes passe sous la souveraineté de la Turquie. La question de Mosoul, riche en pétrole, est laissée en suspens. Mais dans les faits, Mossoul reste sous domination anglaise jusqu'à ce que la SDN l'inclut définitivement en 1926 dans le mandat accordé aux Britanniques sur l'Irak. Face à ce processus, les Kurdes d'Irak et d'Iran se révoltent. Les Kurdes de Turquie font de même lorsqu'ils s'aperçoivent que les pratiques et discours des dirigeants du nouvel Etat turc ne vont plus dans le sens d'un "Etat kurdo-turc".

Les Kurdes poursuivront une évolution distincte dans leurs régions divisées principalement entre quatre Etats. Des révoltes kurdes éclateront de part et d'autre à des moments différents.

---

[158] Bien que ce traité n'ait pas été appliqué, il constitue un acquis historique pour les Kurdes. Il représente de nos jours l'une des principales références sur lesquelles s'appuient les revendications kurdes d'Irak.

[159] Grande-Bretagne, France, Italie, Japon, Grèce, Roumanie, Etat Serbe-Croate-Slovène.

[160] Ces frontières son toujours en vigueur actuellement mis à part le cas du Sandjak d'Alexandrette qui a été annexée en 1938. L'annexion est devenue définitive le 23 juin 1939. Sur l'annexion du Sandjak d'Alexandrette par les Turquie, cf. Pierre Rondot, *La question d'Alexandrette*, Document du CHEAM, 1938.

Les Kurdes et la nouvelle République turque

Une fois la conférence de Lausanne signée, le 24 juillet 1923, entre les puissances vainqueurs et les dirigeants du nouvel Etat turc, certains Kurdes pensaient que ce nouvel Etat traiterait sur un pied d'égalité les Turcs et les Kurdes. Ismet Inönü, représentant turc à la conférence de Lausanne, déclarait pour convaincre les Alliés : Les Kurdes ne diffèrent en rien des Turcs, tout en parlant des langues différentes ces deux peuples forment un seul bloc au point de vue de la race, de la foi et des mœurs.

Mais, ces discours compatibles avec le turquisme ne débouchaient pas sur des promesses quant à la langue kurde. Les Kurdes ne disposeront d'aucune reconnaissance de leur spécificité sur le plan culturel et politique dans la nouvelle République turque.

Les nouveaux dirigeants turcs feront au contraire tout pour gommer cette spécificité. Dès la première réunion de la grande Assemblée Nationale, le chef du nouvel Etat turc, Mustafa Kemal, niait la spécificité kurde et déclarait publiquement : "L'Etat qui vient d'être créé est un Etat turc". Aktar O. Cengiz attire notre attention sur la jeunesse de la notion de démocratie

> « Le mot démocratie n'apparaît dans le discours officiel que tardivement, parmi les six principes constitutionnels de 1937 figurent la républicanisme et le populisme. »[161]

Les premières mesures contre les Kurdes furent prises dès 1924. Le 3 mars 1924, les écoles, les associations et les publications en langue kurde sont interdites. En 1932, l'usage de la langue kurde en public est interdit. Comme l'a montré Gellner, ces interdictions correspondent à l'imposition d'une haute culture :

[161] Aktar O. Cengiz, *L'Occidentalisation de la Turquie,* Paris, L'Harmattan, 1985, p. 126.

« Le nationalisme consiste essentiellement à imposer, globalement à la société, une haute culture là où la population, dans sa majorité, voire sa totalité, vivait dans des cultures inférieures. Cela signifie la diffusion et la généralisation d'une langue transmise par l'école et contrôlée par l'Université dont la codification répondrait aux exigences de la technologie et de la bureaucratie pour permettre une communication assez précise »[162].

Parallèlement, des déséquilibres économiques affectent les régions kurdes. De 1925 à 1950, alors que l'ouest de la Turquie connaissait un développement spectaculaire dans l'industrie, l'agriculture, l'éducation, les région kurdes devaient affronter la misère et les maladies contagieuses. Les villes turques offraient les possibilités les plus grandes de trouver un travail. C'est seulement à partir de 1950, lorsque le Parti Démocrate renversa le Parti Républicain du Peuple (de Mustafa Kemal), que l'Etat commença à investir dans ces régions kurdes (construction de routes, d'écoles, vaccinations...). L'usage par la population du mot "Kurdistan", qui avait été employé par les Sultans de l'Empire Ottoman :

« En vertu d'une logique proprement impartiale, Suleyman [Sultan] n'estompe pas dans sa littérature, la diversité des royaumes réunis sous son sceptre. Il la détaille au contraire avec fierté en élargissant quelque peu la liste de ses dominations effectives faisant rejaillir sur sa couronne le prestige attaché à chacun d'eux. Moi qui suis, fait-il écrire, avec quelques variantes, en introduction à ses épîtres officielles, le Sultan et le Pâdichah de la Méditerranée, de la mer Noire, de la Roumelie, de l'Anatolie, des pays de Rûm et de Karaman, du pays de Zû-l-Kadre, de Diyarbekir, du **Kurdistan** et de l'Azerbaïdjan, de Perse de damas de Alep, de l'Egypte, de Jérusalem la sainte, de la glorieuse Mecque, de l'illustre Médine, de tous les pays arabes du Yémen et de Djédde, de territoire tatar, ainsi que de nombreux autre pays conquis par la puissance subjugatrice de mes aïeux illustres et de mes ancêtres éminents, ainsi que d'un grand nombre de contrées acquises par mon propre sabre dont jaillit le feu... »[163].

---

[162] Cf. Ernest Gellner, *Nations et Nationalisme*, *op. cit.*, p. 88.

[163] Gilles Veinstein, in Robert Mantran, *Histoire de l'Empire Ottoman*, *op. cit.*, p. 162.

Egalement le mot Kurdistan utilisé dans le traité de Sèvres[164], était interdit par les gouvernements turcs. Plus de 90% des noms de villes et villages avaient été "turquifiés" à partir de 1925. L'imposition aux Kurdes d'une culture commune turque ne peut s'expliquer par les besoins, distingués par E. Gellner, qui découlent en général de la "division du travail"[165]. La diffusion de la langue turque ne tient en effet pas au fait que les hommes soient prêts à passer d'une situation professionnelle à une autre. Il ne s'agit pas tant de les contraindre à communiquer dans une même langue pour pouvoir travailler que de les soumettre aux exigences du nationalisme turc.

L'organisation administrative des régions kurdes représentent d'autres mesures contraignantes pour les Kurdes. En 1942, lors du premier congrès de l'institut géographique turc, la région kurde fut divisée en deux régions administratives, l'Anatolie de l'Est et l'Anatolie du Sud-Est. Jusqu'en 1988, il existait 18 départements (Vilayet). Actuellement, depuis 1985, certains départements ont été scindés, ce qui a porté leur nombre à 23[166]. Cette fragmentation qui selon les autorités turques devait faciliter l'administration de ces territoires paraît aussi conçue pour mieux organiser les moyens pour lutter contre les actions armées qui se développent depuis 1984. En effet, alors que le nombre de sous-préfectures a augmenté, le nombre de villages a diminué, en raison des déplacements de population.

Cependant la région kurde est depuis 1978 sous état d'urgence ou état de siège et dirigé par un Super Préfet depuis

---

[164]Dans son article 64, le traité de Sèvres stipule :

"... Si ladite renonciation a lieu et lorsqu'elle aura lieu, aucune objection ne sera élevée par les principales puissances alliées à l'encontre de l'adhésion volontaire à cet Etat kurde indépendant des Kurdes habitants la partie du Kurdistan comprise jusqu'à présent dans le vilayet de Mossoul."

[165] Cf. Ernest Gellner, *Nations et Nationalisme*, Paris, Payot, 1989, p. 198.

[166] Adiyaman, Agri, Bingöl, Bitlis, Diyarbakir, Elazig, Erzincan, Erzurum, Antep, Hakkari, Kars, Malatya, Mus, Maras, Mardin, Siirt, Tunceli, Urfa, Van, Sirnak, Batman, Igdir, Ardahan. De plus, plusieurs districts kurdes sont rattachés à des provinces turques.

1986[167].

Depuis la signature du traité de Lausanne en 1923, le problème de "l'assimilation" des Kurdes est donc central. Dans les années 1930 deux idées s'opposaient (et s'opposent toujours) en Turquie concernant l'anéantissement du mouvement kurde. La première recherche la destruction de la culture kurde par les moyens les plus obscurs tels que ceux prônés par le Maréchal Fevzi Cakmak. Selon lui "il fallait laisser les Kurdes dans l'obscurité, sans les éduquer, interdire tout ce qui est kurde, les laisser dans leur région, loin de la civilisation", car la République turque avait déjà du mal à faire face à "ces gens incultes et le jour ils seront civilisés il sera impossible de les arrêter". La deuxième thèse prônée par Avni Dogan, alors Ministre de l'intérieur, estimait que le meilleur moyen pour anéantir le mouvement kurde était l'assimilation, "en construisant des écoles, des routes etc... qui les obligent à apprendre la langue et la culture turque". Dans les années 1930-1950, c'est la thèse de Fevzi Cakmak qui sera appliquée. Depuis 1950 c'est celle d'Avni Dogan qui est utilisée[168].

Mais on peut constater qu'une troisième conception avait cours dans l'Empire ottoman et dans la nouvelle République turque. Elle concevait la déportation massive des populations kurdes de certaines régions vers les villes turques comme un moyen extrême d'assimilation. Le Ministre turc de l'Intérieur de l'époque Sükrü Kaya, expliquait ainsi les raisons des

---

[167] L'idée d'un Super Préfet pour les régions kurde en Turquie n'est pas nouvelle, elle a été déjà utilisée en 1928-29 après l'écrasement de la révolte de Cheikh Said. Ils étaient nommés inspecteurs généraux. Ces inspecteurs généraux, dotés des pleins pouvoirs, formés et entourés de conseillers, divisaient le travail comme des institutions d'Etat (affaires étrangères, statistique, affaires juridiques, éducation, agriculture, affaires intérieures, organisation des milices dans les villes). Ces inspecteurs Généraux étaient très souvent des militaires. Comme Abdullah Alpdogan, Ibrahim Tali qui étaient également commandant des forces armées et les responsables de la bureaucratie. Ils étaient liés directement au capital (Mustafa Kemal) et nommés par lui. Pour plus de détails voir H. Ulug, *Tunceli Medeniyete Açiliyor*, Istanbul, 1978, p. 143-153.

[168] Voir Mehmet Ali Birand, *Apo ve PKK, op; cit*, p. 55-56.

déportations forcées des Kurdes vers les villes turques :

« Tous ceux qui sont attachés à la culture turque et qui parlent d'autres langues que le turc sont forcés d'habiter séparément aux endroits que le gouvernement turc leur désigne . Notre but est qu'ils oublient très vite leur langue maternelle en se mélangeant avec la grande masse turque, c'est pourquoi ceux qui ne sont pas de race turque (Les Kurdes, selon nous) doivent être répartis dans les villes, arrondissements ou villages sans qu'ils puissent créer des ghettos ».

Le premier grand déplacement fut organisé au début du XXe siècle. Les populations kurdes furent déportées en Anatolie centrale, principalement vers les villes d'Ankara, de Cihanbeyli, de Kulu, d'Haymana, de Konya, de Kirsehir, d'Yozgat, de Aydin, de Mugla. Une deuxième grande vague de déportation eut lieu dans les premières années de la nouvelle République turque. Suite au grand massacre de Dersim de 1938, d'importantes communautés kurdes furent transférées dans les villes turques (Konya, Isparta, Manisa ...). Les Kurdes déportés à plusieurs reprises vivront donc sur des territoires très dispersés. C'est durant ces années que les conceptions selon lesquelles "les Kurdes n'existent pas", et qu'ils "sont des Turcs des montagnes", ont été développées.

La loi de 1930 à propos des Kurdes de Turquie est explicite :

« Dans cette loi on a mis des règles claires et directes afin de mettre fin à cette vie nomade. Les devoirs de l'Etat, pour faire accepter la culture turque à tous ceux qui, depuis toujours sont restés éloignés de cette culture y sont clairement précisés. La République turque ne pouvait pas admettre l'existence de ceux qui jouissent de la citoyenneté et des droits précisés par les lois, sans pour autant qu'ils aiment le drapeau turc. »[169].

Pour les populations kurdes qui échappèrent aux déportations dans les villes turques, les autorités turques développèrent à

[169] Loi sur l'installation, *Journal officiel* 2773 du 21 juillet 1934.

partir des années cinquante une politique d'assimilation forcée. A Dersim, par exemple, des internats scolaires totalement gratuits appliquant une discipline stricte ont été ouverts pour les Kurdes. L'interdiction en Turquie de l'usage du kurde devait avoir une valeur exemplaire. Cette politique semble avoir porté ses fruits dans les années soixante-dix. Selon les statistiques officielles, alors qu'en 1938 très peu de personnes y parlaient turc, Dersim était devenue la ville qui connaissait le plus fort taux d'alphabétisation au regard de l'ensemble de la Turquie.

Mais, en réalité, l'assimilation des Kurdes, particulièrement celles des déportés dans les villes turcs, s'est en général soldée par un échec. Alors même qu'ils avaient été déportés très loin de leurs terres, les Kurdes restaient ensemble et constituaient des villages, voire des villes. Ils gardaient leur langue (même s'ils ne l'écrivaient pas) et leur culture qu'ils transmettaient à leurs descendants. Nous trouvons actuellement parmi eux des personnes connues dans le mouvement national kurde ou y participant en tant qu'écrivains ou artistes.

En outre, cette politique d'assimilation des Kurdes ne suscitait pas dans le monde de réactions particulières. L'une des rares condamnations de la situation dans laquelle se trouvait les Kurdes est venue de Nehru. Ce défenseur de l'indépendance de l'Inde dénonçait cette attitude des dirigeants de la nouvelle République turque :

> « (...) Ainsi les Turcs qui avaient lutté récemment pour leur propre liberté écrasèrent les Kurdes qui cherchaient la leur. Comme c'est étrange qu'un nationalisme défensif se transforme en un nationalisme agressif et qu'une lutte pour la liberté devienne une lutte pour dominer les autres (...) »[170]

Plus généralement il faut relever les effets pervers de ces différentes formes d'assimilation. De nos jours, la grande majorité des Kurdes vivant dans les villes turques maintiennent

---

[170] Cité par Kendal, "Le Kurdistan de Turquie", in Gérard Chaliand (dir.), *Les Kurdes et le Kurdistan*, *op. cit.*, p. 97.

en effet des pratiques qui leur sont spécifiques. On peut distinguer deux positions extrêmes. Si certains refusent de mettre en avant leurs spécificités kurdes et se sentent intégrés, d'autres revendiquent leur kurdité et parlent kurde chez eux. C'est dans cette frange de la population que le PKK puise ses militants et sympathisants qu'il considère comme "le moteur du mouvement national kurde des villes". Selon le leader du PKK[171], Abdullah Öcalan, les jeunes Kurdes qui participent à la guérilla viennent autant des villes turques de l'Ouest que des villes kurdes." (déclaration faite lors d'une conférence de presse à Beyrouth, août 1993). On comprend donc que la politique d'assimilation a nourri un sentiment identitaire qui contredit les effets désirés par les autorités turques.

Cependant, depuis 1970, et tout particulièrement dans les années quatre-vingt avec le développement du mouvement du PKK, une quatrième forme d'assimilation a été développée par les autorités turques. Contrairement aux précédents déplacements de population par lesquels les Kurdes étaient contraints de s'installer dans un endroit fixé, cette nouvelle politique leur laissait la liberté du choix du lieu de destination, sans leur procurer une quelconque aide. Forcés par les autorités turques de quitter leur région, ou cherchant à fuir les affrontements entre les combattants et les militaires turcs, des milliers de Kurdes ont quitté leurs terres pour les grandes villes de l'Ouest, comme Istanbul, Adana, Mersin, Izmir, Ankara. Contrairement aux déportations précédentes nommées "mecburi iskan" (déportations obligatoires) qui concernaient une ville, un village ou une région (Dersim 1938), celle-ci touche à peu près tous les habitants de toutes les régions kurde. De 1980 à 1991 date qui correspond à la guerre du Golfe, c'était les villages considérés comme pro-PKK qui étaient déplacés. A partir de 1991, les villageois étaient contraints de prendre clairement position. S'ils soutenaient les autorités turques, ils n'étaient pas déplacés, alors que s'ils étaient soupçonnés d'être pro-PKK ou voulaient rester neutres, ils étaient déplacés. Comptant plus d'un

[171] Voir Annexe 3.

million et demi de Kurdes, Istanbul a été ainsi surnommée "la plus grande ville kurde". Ces nouveaux déplacements expliquent la raison pour laquelle la densité de la population est dans l'ensemble très faible dans les régions kurdes, surtout depuis 1980. D'autre part, de nombreux exilés ont rejoints les grandes villes kurdes (telles que Diyarbakir, Batman) proches de leurs villages. Ces villes succombent dorénavant sous le nombre d'habitants qui a doublé, voire triplé, depuis l'arrivée massive de villageois venant des bourgades détruites. En outre, certaines villes kurdes "stratégiques", à la fois par le potentiel d'hommes pouvant rejoindre la lutte armée et par leur situation géographique, ont subi des déportations plus vigoureuses. Par exemple, à Tunceli[172], on dénombrait au recensement de 1975, 164 591 habitants, et en 1985, seulement 151 906[173], alors même que la croissance démographique était élevée chez les Kurdes et que le taux de mortalité infantile avait diminué les années précédentes. Comme on l'a déjà vu précédemment, la croissance des quartiers kurdes dans les villes turques, comme à Adana et Mersin, nourrit un sentiment identitaire fort. Les autorités turques ne font que transférer le problème kurde dans le reste de la Turquie. Effet pervers supplémentaire, des affrontements, qui n'étaient auparavant que très secondaires, sont apparus entre Turcs et Kurdes.

Mais ce renforcement du sentiment national kurde ne doit pas seulement s'apprécier au regard de ces politiques d'assimilation et de répression turques. Le développement d'une nouvelle vague de nationalisme dans le monde depuis la chute du bloc soviétique, la création après la guerre du Golfe d'une zone de protection pour les Kurdes au Nord de l'Irak, les combats continus de groupes armés dans les zones kurdes de Turquie, la présence massive des Kurdes contraints de quitter leur village et regroupés dans les villes turques, constituent toute une série de raisons qui expliquent le renforcement d'un sentiment national chez les Kurdes de Turquie. Une nouvelle et jeune génération

---

[172] ex-Dersim.

[173] Cf. le dossier publié par l'Institut d'Etat de Statistiques, 1988, Ankara.

d'hommes et de femmes politiques kurdes "nationalistes" se forme remettant en cause le système des anciens notables "agha" (très souvent le plus âgé du clan) qui se faisaient élire par clientélisme. Le parti pro-kurde, HEP (Parti du travail populaire), créé le 7 juin 1990, est le premier dans l'histoire de la Turquie à défendre ouvertement le point de vue d'une "cause" kurde. Lors des élections législatives du 12 octobre 1991, auxquelles il se présentait en coalition avec le SDP (Parti populiste social démocrate), le HEP a obtenu vingt sièges. La moyenne d'âge de ces députés ne dépassait pas 35 ans. Pendant la campagne électorale, les candidats du HEP ont utilisé la langue kurde, les couleurs nationales kurdes (jaune, vert, rouge) et des chansons kurdes dans leurs meetings. Lors de la cérémonie dans laquelle ils devaient prêter serment, deux de ses députés ont tenté de parler en kurde, mais en ont été empêchés. Ce parti a été dissous en 1994 et certains de ses députés ont été condamnés à des peines d'emprisonnement de 3 à 15 ans. D'autres députés se sont réfugiés en Europe.

La non reconnaissance des spécificités identitaires d'une population n'a pas été une invention du Kémalisme. Celui-ci a pu s'appuyer sur d'autres exemples qui se sont produits dans l'histoire. Si les Américains reconnaissent les traits spécifiques des Indiens, historiquement, leur politique à infligé des dommages considérables aux langues et aux traditions indiennes. Leur culture s'est appauvrie et le nombre d'Indiens d'origine, par de multiples massacres, a diminué fortement. Leur langue a été dévalorisée au profit d'une langue européenne qui leur a été imposée. Ceci est encore plus vrai pour les Mayas et les Incas d'Amérique du Sud. D'autres pays imposent à leurs minorités une culture dominante, leurs traditions et leur langue : l'Algérie sur la minorité kabyle, la Chine sur les Tibétains, l'Indonésie sur les Timours, parmi bien d'autres.

On tentera un parallèle s'agissant des politiques à l'égard des minorités, entre la République turque qui s'inspire du modèle français pratiqué depuis la Révolution et la République française. Sans mettre en cause les acquis de la Révolution française et le formidable exemple qu'elle donna au monde entier quant aux libertés et aux droits de l'homme, le cas français et le cas turc peuvent être comparés au moins formellement comme il suit :

FRANCE	TURQUIE
1789 : la langue française devient officielle, les autres langues (Breton, Occitan) sont interdites. Les territoires des minorités sont divisés en départements sous différents noms. **28 mars 1882** : la loi Jules Ferry rend l'instruction publique obligatoire, laïque et gratuite. Le français est la seule langue en usage à l'école. **1951** : la loi "Deixonne" permet aux candidats au baccalauréat d'obtenir une mention en subissant une épreuve facultative de breton, d'occitan, de basque ou de catalan. **21 juin 1982** : par la circulaire Savary le breton entre officiellement à l'école.	**1924** : la langue turque (et non plus l'ottoman) devient officielle, les langues des minorités musulmanes, en particulier le kurde, sont interdites officieusement. Le territoire kurde est divisé en deux départements : Anatolie de l'Est et Anatolie du Sud-Est. L'instruction publique est obligatoire, toutes écoles, associations et publications en langue kurde sont interdites. **1938-1950** : parler kurde dans la rue est interdit et puni officieusement. **1983** : la langue kurde est officiellement interdite. **1991** : la loi qui interdisait la langue kurde est abrogée et les publications en langue kurde sont tolérées. **1992** : le Premier Ministre turc reconnaît la "réalité"kurde. Mais en novembre 1998 à Vienne il a déclaré qu'il n'a pas de Kurde en Turquie.

Cette comparaison nous montre que la Turquie est encore très loin de respecter les droits de l'homme et les droits des minorités. Evidemment nous sommes conscients que le cas des Kurdes est différents de celui des Bretons. L'attachement des Bretons à leur langue n'a rien de comparable à celui des Kurdes. Depuis la fin du XVIIIe siècle la langue bretonne n'a cessé de reculer devant le français et aujourd'hui elle n'est plus qu'une "langue résiduelle". Il n'existe aucune organisation politique bretonne vraiment influente proclamant l'existence d'une Nation bretonne. Les autorités françaises peuvent même être intéressées à encourager certaines manifestations spécifiques des Bretons pour "enrichir" le tissu culturel français. La population bretonne est intégrée à la vie nationale française et ne constitue pas un groupe social homogène revendiquant ses spécificités.

Nous constatons que si les Turcs ont pris comme exemple la France, ils l'ont fait avec au moins un siècle de décalage (1789 pour la France, 1924 pour la Turquie). A partir de 1951, la France instaure l'éducation des langues des minorités alors qu'à la même époque les autorités turques punissaient par des contraventions les Kurdes qui parlaient dans la rue en langue kurde. En 1982, lorsque les autorités françaises ont accepté que le breton soit étudié officiellement, alors que le gouvernement turc interdisait officiellement la langue kurde. Un chanteur breton a représenté la France au concours de l'Eurovision en 1996, alors qu'en Turquie il n'y a ni école, ni télévision, ni radio en langue kurde. Yves Deloye a mis en évidence que l'affirmation de l'identité de la Nation "n'a pu historiquement s'opérer qu'au détriment des identités antérieurement saillantes". Il remarque que les élites favorables à l'Etat-Nation veulent instaurer, reprenant l'expression de B. Anderson, une communauté imaginaire "qui disqualifie politiquement les communautés familiales, professionnelles, ethniques ou religieuses qui servaient de marqueur identitaire à l'âge pré-nationaliste »[174].

Le cas français montre que les conflits issus de la consolidation d'un nationalisme ont conduit à une dépolitisation des appartenances aux groupes primaires : l'Etat-Nation est devenu une institution politique fortement différenciée. En Turquie, les conflits entre les identités politiques turques et kurdes fragilisent l'Etat-Nation turc. La nationalisation de l'identité politique turque ne s'est pas accompagnée d'une dépolitisation des identités primaires (familiales, culturelles...) kurdes, semblable à ce qu'on a pu constater chez les Bretons en France par exemple.

Cependant, ces politiques assimilatrices des autorités turques ne seront pas sans provoquer des réactions dans la population

---

[174] Cf. Yves Deloye, *Etat, Nation et identité nationale..*, *op. cit.*, p. 156.

kurde. Le premier soulèvement important se développa au début même de la création de la République turque[175].

Les premières révoltes importantes eurent lieu en novembre 1924, après la signature du traité de Lausanne, le 23 juillet 1923. Le nouveau gouvernement turc prit à partir de cette période des mesures contre les Kurdes, comme la fermeture des écoles, l'interdiction de la presse kurde, l'interdiction de l'usage de la langue kurde, le bannissement des chefs (Agha, Beg) de villages ou de villes kurdes, qui furent contraints de quitter leur région.

Pour protester contre cette politique, un leader religieux kurde, Cheikh Saïd, se révolta contre le régime de Mustafa Kemal. Les dirigeants turcs présentèrent aussitôt cette révolte comme une révolte religieuse visant à rétablir le Calife et la dynastie ottomane en s'opposant aux réformes "progressistes" de Mustafa Kemal. Ils critiquèrent le recours à l'argumentation religieuse développée par Cheikh Saïd, alors même que Mustafa Kemal avait toujours utilisé des arguments religieux, en particulier lors de ses conférences dans les villes kurdes et turques, jusqu'à la création de la République turque, pour

---

[175] Dans le tableau ci-dessus, nous constatons que c'est seulement depuis 1992 que les politiciens turcs tentent de parler de la question kurde, avec beaucoup d'amalgame. Par exemple, pour répondre aux questions embarrassantes concernant les Kurdes, les responsables turcs emploient souvent des mots incompréhensibles ou d'origine étrangère que la majorité de la population turque ne comprend pas. Par exemple, en décembre 1991, lors d'une visite à l'Est, dans les villes kurdes, le Premier Ministre Süleyman Demirel a déclaré devant le public kurde : "Kürt realitesini taniyoruz" (Nous connaissons la réalité kurde). Ce qui est étonnant c'est que dans cette phrase le mot "réalité" était employé en français. La grande majorité de la population turque et kurde ne comprend pas ce mot en français et ne peut donc pas accéder à une parfaite compréhension des discours tenus à propos des Kurdes. Alors que plusieurs mots turcs auraient pu être facilement employés, dans le langage politique, à la place du mot "réalité". De plus, Suleyman Demirel est réputé pour employer un langage populaire dans ses discours. C'est pour cela qu'il est surnommé "çoban Süleyman" (Süleyman le berger). C'était pour la première fois qu'un Premier Ministre turc acceptait l'existence des Kurdes en Turquie dans un discours en public, ce qui a été considéré par la presse turque comme une "révolution".

renverser la dynastie ottomane. Mais au début, il s'était montré un homme croyant pour convaincre les populations turques et kurdes de faire la guerre sainte contre les pays chrétiens qui avaient partagé l'Empire Ottoman. Il avait demandé à ses "frères musulmans" de se soulever pour mettre tous les "gavour" (non musulmans) en dehors de la terre sainte afin de créer le nouvel Etat turc. Dans les documents secrets de l'Etat turc en 1925, il était dit :

> « Selon les observations des inspecteurs de la troisième division des forces armées le but de la révolte est d'instaurer le sultanat, le Calife et d'y nommer un des fils de Abdul Hamid, mais le but final est, sous ce masque, de créer le Kurdistan. »[176]

Mais s'il est vrai qu'en tant que chef religieux, Cheikh Saïd avait utilisé des arguments religieux pour obtenir le soutien de la population, cette révolte ne saurait se caractériser uniquement comme une révolte religieuse. On ne peut pas dire que Cheikh Saïd a utilisé l'Islam seulement comme un instrument de mobilisation. La légitimation islamique de l'action se combinait avec les revendications nationales kurdes. Pour ses sympathisants Cheikh Saïd était une sorte de "Saint" et "héros". La presse turque de l'époque le présentait, au début du soulèvement, comme quelqu'un qui luttait contre la suppression du Calife et contre la laïcité, ce qui avait pour effet de priver la révolte de soutiens occidentaux . Mais une fois que la révolte fut écrasée la presse affirma que la libération du peuple kurde et la

---

[176] En 1990, les autorités turques ont autorisé la publication des documents officiels secrets de 1924 à 1938 concernant les révoltes et insurrections kurdes en Turquie, de même que les révoltes de Nasturi menées par des Catholiques et celle de Menemen dirigée par des intégristes turcs. Un colonel turc Resat Halil, a publié ces documents sous le titre *"Les révoltes en République turque, 1924-1938"*, imprimé dans l'académie de la guerre, avec une préface du Général Namik Kemal Ersun. Les mêmes documents ont été publiés par un journaliste kurde, Faik Bulut, qui a supprimé certains passages pour ne garder que ce qui concernait les révoltes kurdes, ce livre est intitulé, *Devletin Gözü ile Türkiyede Kürt Isyanlari*, (Les révoltes kurdes selon le point de vue de l'Etat), Istanbul, Editions Yön, 1991, p. 25.

création du "Kurdistan" étaient le but final de Cheikh Saïd.

L'examen des caricatures de Cheikh Saïd faites par les journaux de l'époque, permet de penser que ces deux idées étaient présentes chez lui. Mais l'idée nationaliste de libération des populations kurdes surpassait largement l'intention de restaurer le Sultanat et le Calife. Si tel n'avait pas été le cas, les opposants au régime laïc turc auraient participé à cette révolte. Si un dirigeant turc comme Ali Fuat Cebesoy affirmait que "certains membres du Parti du Peuple étaient directement impliqués dans la révolte de Cheikh Saïd", nous n'avons rencontré aucun document vérifiant cette hypothèse[177].

Ceci doit encore d'ailleurs s'apprécier par rapport à la stratégie de Mustafa Kemal qui noya l'opposition turque dans un mouvement national turc qui était en même temps un mouvement laïc.

La lecture de la presse turque de l'époque nous donne une idée précise sur la teneur de la révolte de Cheikh Saïd. Les caricatures politiques du quotidien "Cumhuriyet" du 4 avril 1925, restituent bien le caractère national de cette révolte. Une de ces caricatures représentait Cheikh Saïd se faisant déposséder de sa couronne par des baïonnettes. Dessous, on peut lire le texte suivant : "Les baïonnettes turques ont pris le Kurdistan qui était sur la tête de Cheikh Saïd"[178].

Le caractère national du soulèvement fut résolument revendiqué par les insurgés lors du procès devant le tribunal d'exception "d'indépendance" de Diyarbakir. Cheikh Saïd et ses partisans déclarèrent ouvertement qu'ils s'étaient soulevés contre le régime qui ignorait la souveraineté du peuple et la liberté de conscience. Le journal turc *Vakit*[179] dont l'envoyé spécial Nachid Hakki assistait au procès, publia le réquisitoire du procureur turc :

---

[177] Sahinler Menter, *Origine influence et Actualité du Kémalisme*, Paris, Publisud, 1995, p. 114.

[178] Pour d'informations voir Bruinessen V. M, *Agha, Sheikh and State*, *op. cit.*

[179] Cf. le journal turc *Vakit* (Le Temps), 28 juin 1925.

« Les causes et origines de la dernière révolte qui a éclaté dans les Provinces orientales de la Patrie turque éternelle sont identiques à celles qui ont soulevé (...) la Bosnie et l'Herzégovine (...); à celles qui (...) ont mené les Albanais à frapper les Turcs dans le dos pendant la guerre des Balkans (...). L'idéal, le but qui ont engendré l'insurrection kurde sont les mêmes qui avaient gâté la Syrie et la Palestine (...). Certains d'entre vous ont été guidés par leur égoïsme, d'autres conseillés par des convoitises de politique étrangère, mais vous êtes tous unis en un même point : vouloir créer un Kurdistan indépendant. Vous allez payer le prix de vos forfaits sur le gibet (potence où l'on exécutait les condamnés à la pendaison). »[180]

Ces révoltes entraînèrent la proclamation de l'état d'urgence qui dura plusieurs années dans tout le pays. Devant la gravité des conditions de vie des Kurdes, le Haut Commissaire britannique souleva cette question auprès du ministre turc des affaires étrangères, afin que les réfugiés et les déportés puissent retourner chez eux. Le Ministre Tefik Rüstü refusa et ajouta en guise de réponse :

« Le gouvernement turc a l'intention d'expulser les Kurdes d'Anatolie, comme nous avons expulsé les Grecs et les Arméniens. »[181]

Etre à la fois un chef religieux et un chef défenseur d'une "cause" kurde représentait un inconvénient pour Cheikh Saïd et les Kurdes. Le monde occidental soutenait en effet le régime kémaliste laïc qui avait supprimé le Calife et qui suivait la voie de l'occidentalisation du nouvel Etat turc (ce qui se manifestait par un changement de calendrier, d'alphabet, du mode d'habillement...). François Georgeon souligne que :

« L'époque kémaliste est la période de la plus forte réaction contre la prégnance de cette hégémonie culturelle islamique : suppression du Calife, liquidation de l'enseignement islamique et des confréries, réforme de l'alphabet et de la langue, limitation de l'appel à la prière

---

[180] Cité par Vanly I. C, *Le Kurdistan irakien, entité nationale*, *op. cit*, p. 66.
[181] Cité par Chris Kutschera, *Le Mouvement national kurde*, *op. cit.*, p. 89.

en arabe, adoption des noms de famille, tout cela marque une révolution culturelle dirigée non contre l'Europe mais contre l'islam. »[182]

Mustafa Kemal avait tout intérêt à présenter la révolte de Cheikh Saïd comme une révolte religieuse cherchant à restaurer le Calife. C'est pour cela que certains pays occidentaux n'hésitèrent pas à apporter leur soutien pour écraser ce soulèvement. La France prêta les voies du chemin de fer Ankara-Bagdad pour transporter les militaires turcs qui encerclèrent les forces de Cheikh Saïd et anéantirent cette révolte. Des milliers de personnes furent déportées des villages kurdes détruits[183] et les leaders kurdes ayant mené cette révolte

---

[182] François Georgeon, "A la Recherche d'une identité : le nationalisme turc", in Altan Gökalp, *Disparités -Identités -Pouvoirs*, Maisonneuve et Larose, Paris, 1986, p. 137.

[183] Une loi a été publiée quelques temps plus tard le 5 mai 1932 sur la déportation et la dispersion des Kurdes. Cette loi prévoit quatre catégories de zone d'habitation. Les remarques entre crochets sont de Kendal Nezan.

"N°1 : Les zones n°1 comprennent les régions où l'on veut augmenter la densité des populations ayant une culture turque [il s'agit évidemment du Kurdistan].

N°2 : Les zones n°2 comprennent les régions où l'on veut établir les populations qui doivent être assimilées à la culture turque [La Turquie ethniquement turque].

N°3 : Les zones n°3 comprennent les territoires où pourront s'établir librement et sans le secours des autorités, les immigrés de culture turque. [ce sont les régions kurdes les plus fertiles et habitables du Kurdistan gracieusement offertes aux immigrants turcs].

N°4 : Les zones n°4 comprennent les territoires que l'on veut évacuer et qui sont interdites pour des raisons sanitaires, matérielles, culturelles, politiques, stratégiques et d'ordre public. [cette dernière zone inclut les régions les moins accessibles du Kurdistan]".

Conformément à cette loi, la majorité du peuple kurde devait être déportée et dispersée à travers les localités turques. Les régions kurdes seront partiellement repeuplées d'immigrants turcs. Les Kurdes déportés "s'établissant dans les bourgades et les villes ne pourront pas dépasser les dix-centièmes de la population totale des circonscriptions municipales". En d'autres termes, il sera interdit à ceux qui parlent une autre langue maternelle que le turc de se regrouper en villages, quartiers, en groupements d'artisans ou d'employés.

Cf. Kendal Nezan, *Le Kurdistan de Turquie*, *op. cit.*, p. 101.

pendus sur la place publique devant des milliers de badauds[184]. D'autres pays comme l'URSS, grand voisin de la Turquie qui se considérait comme un protecteur des peuples opprimés et soutenait Mustafa Kemal, qualifia cette révolte de "révolte des bandits contre un Etat".

Les années 1937-1938 marquèrent l'écrasement des révoltes kurdes qui s'étaient poursuivies en Turquie depuis 1925. En outre, elles subiront plus tard les effets du pacte de Saadabad, signé en 1937 entre la Turquie, l'Iran et l'Irak, qui prévoyait une coordination de la lutte contre les "bandes armées" kurdes dans les régions frontalières. Entre 1925 et 1938, environ une trentaine de révoltes kurdes ont eu lieu. Le soulèvement de Dersim[185] fut le dernier et le plus sanglant de ces soulèvements, 40 000 civils y furent massacrés[186]. Dersim abritait essentiellement des Kurdes de confession alevi qui n'avaient pas

---

[184] Les leaders kurdes qui ont été pendus, assassinés ou tués sont nombreux. Nous établissons la liste de ces personnalités, sans prendre en considération les responsables de rang moins élevé.

- Mir Mohamed, assassiné à Istanbul en 1837.
- Cheikh Abdulselam (le grand frère de Moustafa Barzani), pendu à Mossoul par les Turcs en 1914. (Le père de Moustafa Barzani a aussi été assassiné par les autorités ottomannes en 1907).
- Cheikh Saïd, (Leader de révolte de 1924), pendu en Turquie 1925.
- Cheikh Abdul Qadir, pendu en Turquie en 1926.
- Simko, (L'insurrection d'Ismail Axa, 1918-1930), assassiné en Iran en 1930.
- Seyid Riza, (Leader de la révolte de Dersim) pendu en Turquie le 18 novembre 1937.
- Qazi Mohamed, (Président de la République Kurde de Mahabat) pendu en Iran le 31 mars 1947.
- Faik Bucak, (Président du PDK de Turquie) assassiné en Turquie en 1967.
- Abdul Rahman Ghassemlou, (Président du PDK d'Iran) assassiné à Vienne (par les services secrets iraniens) en 1988.
- Cherefkendi, (Président du PDK d'Iran) assassiné en 1992 à Berlin (par les services secrets iraniens). Le 10 avril 1997, l'Iran "au plus haut sommet de l'Etat" a été jugé coupable par un tribunal allemand dans le procès du meurtre de Cherefkendi et de trois autres responsables du PDK iranien.

[185] Située dans le massif de Dersim, au cœur de l'Anatolie centrale.

[186] Selon le Parti Communiste turc il y aurait eu "plus de 1,5 millions de Kurdes déportés et massacrés". Cité dans Kendal Nezan, "Le Kurdistan de Turquie", Gérard Chaliand (dir.), *Les Kurdes et le Kurdistan*, *op. cit.*, p. 103.

participé à la révolte de Cheikh Saïd, non pas qu'ils étaient contre cette révolte et en faveur des Kémalistes, mais parce qu'ils vivaient dans cette région qui bénéficiait jusqu'en 1937 d'une sorte d'autonomie, loin du contrôle de l'Etat turc. Tous les moyens furent utilisés pour mettre fin à cette révolte dans cette région qui fut surnommée le "nid d'aigle" à cause de ses montagnes quasi inaccessibles. "Les Turcs utiliseront l'aviation et les gaz. On estime à un million de personnes les déportés kurdes de cette période"[187]. Un leader de la révolte, Seyid Riza, évoqua même l'utilisation de gaz dans sa lettre qu'il avait envoyé au Foreign Office, au Secrétaire Général de la Société des Nations le 20 novembre 1937 :

> « (...) Le gouvernement turc, pour mettre fin à l'existence de la Nation kurde, n'hésite à employer tous les moyens d'anéantissement en commençant par la déportation de nos éléments, famille par famille, groupe par groupe et village, jusqu'aux attaques à coups de canon et de mitrailleuse, aux bombardements d'aviation et aux gaz asphyxiants(...) ».

Dans sa lettre envoyée au Foreign Office le 30 novembre 1937 Seyid Riza, le leader de la révolte de Dersim, parle d'utilisation des gaz asphyxiants par l'armé turque dans la région de Dersim. Les survivants de la révolte de Dersim de 1938 évoquent également les mauvaises odeurs, les brûlures etc... Nous ne possédons pas d'autres informations à ce sujet car il n'y avait aucun journaliste étranger et aucune organisation humanitaire sur place à cette époque. L'utilisation du gaz a probablement permis aux Turcs de venir à bout des insurgés kurdes qui pouvaient jusque là se cacher dans les nombreuses grottes que comptait cette région très montagneuse. Les Turcs n'ont en effet mis qu'un an pour écraser la révolte de Dersim. Ceci paraît d'autant plus probable, qu'actuellement, l'armée turque, qui dispose pourtant de moyens conventionnels plus

[187] Jean-Marie Demaldent "Turquie: Comment peut-on être Kurde?", *Le Nouveau Politis, La Revue*, janvier 1993, p. 62.

sophistiqués qu'à cette époque, n'est toujours pas parvenue à anéantir la rébellion du PKK dans la même région. Les combattants du PKK résistent depuis plus de sept ans avec des moyens moindres et un soutien de la population locale plus faible qu'en 1938. Rappelons que la Turquie a signé le 7 juin 1929 le Protocole de Genève du 17 juin 1925 qui interdit l'utilisation de gaz chimiques

Le gouvernement turc profita de ce soulèvement pour écraser toute opposition et éliminer tous les leaders kurdes, mêlés de près ou de loin à ce soulèvement. La ville de Dersim fut rebaptisée Tunceli[188] et la région déclarée zone interdite aux étrangers, y compris aux touristes. Cet état de fait dura jusqu'en 1965. Les fameuses expressions telles que "Turcs de la montagne" servant à nommer les Kurdes et "Anatolie orientale" pour désigner les régions kurdes, naquirent alors.

La révolte de Dersim, tout comme celles qui avaient éclaté précédemment, ne bénéficia d'aucun soutien extérieur et laissa l'Occident indifférent. Les secours demandés par Seyid Riza, le leader de cette révolte, restèrent sans réponse. Dans sa lettre envoyée aux ministres des affaires étrangères, Seyid Riza exprima l'aspiration des Kurdes :

« (...) Trois millions de Kurdes se trouvant dans leur pays et ne demandant qu'à vivre en paix et en liberté en conservant leur race, leur langue, leurs traditions, leur culture et leur civilisation, par ma voix s'adresse à votre Excellence et vous prie de faire bénéficier le peuple kurde de la haute influence morale de votre gouvernement pour mettre fin à cette injustice cruelle. »[189]

Cette lettre, retrouvée dans les archives du Foreign Office, datée du 31 juillet 1937 n'était parvenue au Foreign Office que le 21 septembre 1937. Ce dernier informa le gouvernement turc en précisant qu'il n'avait pas donné suite à l'appel. Cette période de grand silence des pays occidentaux peut être appréciée comme une réponse aux gestes significatifs faits par l'Etat turc

---

[188] Tunceli signifie "le bras en bronze", ce qui équivaut à "bras de fer".

[189] Citée par Chris Kutschera, *Le mouvement national kurde*, *op. cit.*, p. 123.

en faveur des Occidentaux. L'exemple de la mosquée Sainte-Sophie (Aya Sofya) qui fut transformée en musée en 1936 est significatif. Avant d'être transformée en 1453 après la conquête de Constantinople, Sainte-Sophie, fondée par Justinien au VIe siècle, avait été le plus ancien des sanctuaires chrétiens. Ce détournement était apparu à toute l'Europe comme le symbole d'un recul de la foi chrétienne et d'une défaite lourde de menaces pour l'avenir. Cette métamorphose en musée ne put qu'être fortement approuvée par l'Occident.

L'évolution du mouvement national kurde

La période qui s'étend de 1938 à 1980 peut être considérée comme une période de bâillonnement du mouvement national kurde. La répression très violente menée contre les populations kurdes, en particulier contre les chefs kurdes, pendant et après la révolte de Dersim, étouffa le mouvement national kurde. On peut diviser en deux temps cette période : la première de 1938 à 1950 et la deuxième de 1960 à 1980.

Jusqu'en 1950 les Kurdes durent affronter la période la plus dure. Le Parti Républicain Populaire (Cumhuriyet Halk Partisi - CHP, qui rassemblait surtout des militaires, des intellectuels, des cadres supérieurs et des fonctionnaires), avait été jusqu'à cette date le parti unique. Mais 1950 marqua l'instauration d'un "pluralisme" en Turquie qui ne fut pas un simple pluralisme de façade comme cela avait été le cas en 1946.

Les premières élections concurrentielles (législatives) furent organisées. Le Parti Démocrate, qui avait été créé en 1946 par quelques membres du Parti Républicain du Peuple et qui comptait beaucoup de bourgeois et de grands propriétaires, recueillit la grande majorité des suffrages.

Il n'avait cependant pas pour but de rompre avec le

Kémalisme[190].

La vie quotidienne des Turcs et des Kurdes s'en trouva tout de même modifiée. La fonction d'agents spéciaux chargés d'observer l'application, dans les villes kurdes, du décret qui interdisait de parler kurde dans les rues, fut supprimée. Cependant la surveillance des intellectuels et des leaders kurdes fut maintenue. Mais, plutôt que de réprimer et de déporter systématiquement, le nouveau gouvernement turc développa une autre politique : les leaders et intellectuels kurdes seraient dorénavant récompensés s'ils consentaient à ignorer les revendications nationales kurdes. La politique d'assimilation turque fut dès lors un instrument qui passa des mains des autorités turques à celles d'Aghas et de certains membres de la bourgeoisie kurde pro-gouvernementaux. On ne saurait apprécier ces nouvelles mesures comme un changement d'attitude à l'égard des Kurdes. Elles doivent être plutôt analysées comme le produit de la nouvelle logique politique compétitive. Les acteurs turcs firent entrer dans le jeu politique certains notables kurdes qui mettaient ainsi leur clientèle et les voix qu'elles représentaient à la disposition des divers partis turcs. Ils obtinrent des postes, des crédits, etc... La spécificité kurde demeurait alors un sujet tabou. Et jusqu'en 1965 il n'existait même pas un parti kurde clandestin. Les intellectuels kurdes les plus déterminés étaient éliminés dans différentes circonstances : accident de voiture, décès pour des raisons inconnues, etc... La fameuse liste d'un millier d'intellectuels kurdes considérés comme dangereux, à éliminer, afin de laisser en sommeil pendant au moins 30 ans le problème kurde en Turquie, est dressée à cette date par le Parti Démocrate (DP) Cette liste avait été préparée et décidée par une commission

[190] A cette époque, nous constatons une certaine tolérance à l'égard des pratiquants. Le retour à la prière en arabe est instauré. On montre une certaine indulgence pour les critiques faites sur la personnalité d'Atatürk , par exemple, le 17 mars 1951, le journal *Yeni Meram* de Konya avait exigé "la suppression des bustes et statues d'Atatürk, l'idolâtrie étant contraire à l'esprit de l'Islam", mais aucune démarche de recours n'a été faite contre ce journal. Cité par Dirks S, *Islam et Jeunesse en Turquie d'aujourd'hui*, *op. cit.*, p. 170.

formée du Président de la République Jalal Bayar, du Chef d'Etat Major Cevdet Sunay, du Premier Ministre Adnan Menderes, du Ministre de l'Etat Tefik Ileri, du Ministre des Affaires Etrangères Fatih Rustü Zorlu, et du chef de la Sûreté d'Etat de la section kurde Ergun Gökdeniz. Selon cette décision cinquante personnes dont les noms figurent sur cette liste seront arrêtées et emprisonnées en décembre 1959. Accusés d'être communistes, ils seront condamnés à la peine capitale. Ils seront libérés après le coup d'Etat du 27 mai 1960[191].

Bien que le mouvement national kurde en Turquie fut totalement anéanti, la Turquie ne manqua pas de continuer à signer avec ses voisins des traités contenant des clauses défavorables aux Kurdes[192]. Suite au coup d'Etat du 27 mai 1960 de l'armée contre le gouvernement issu des élections, une nouvelle constitution est préparée par l'élite bureaucratique et militaire, elle est cette fois-ci assez libérale.

Cette libéralisation permit la création d'organisations d'étudiants et d'associations syndicales, ainsi que l'établissement du droit de grève et de la liberté de manifestation. Des valeurs laïques et modernistes, voire progressistes, telles que des droits sociaux et collectifs sont incorporées. Le Parti ouvrier turc, Türkiye Isçi Partisi (TIP), évoqua pour la première fois le droit des Kurdes à cette période. Les premières organisations kurdes clandestines et certaines publications en langue kurde parlant du "problème de l'Est" furent créées à ce moment-là.

---

[191] Voir Musa Anter, *Hatiralarim*, Istanbul, Doz, 1990, p. 151 et Kendal Nezan, "Le Kurdistan de Turquie", in Gérard Chaliand (dir.), *Les Kurdes et le Kurdistan, op. cit.*, p. 112.

[192] Le 25 février 1955, le pacte de Bagdad est signé entre la Turquie, l'Irak, l'Iran et le Pakistan pour faire face "à toute agression venant de l'extérieur (c'est-à-dire l'URSS communiste) ou de l'intérieur (c'est-à-dire les Kurdes)." Le 4 avril l'Angleterre adhère à ce pacte, soutenu par les Etats-Unis. Plus tard, en 1958, le Général Kassem renverse le régime irakien et noue de bonnes relations à la fois avec les Kurdes et avec l'URSS. Il fait se retirer l'Irak de ce pacte. Le pacte changera de nom et deviendra le CENTO, dont le siège social est à Ankara.

Néanmoins, les autorités turques répondirent à cette forme de libéralisation en durcissant leur opposition face aux revendications kurdes dont les auteurs furent sanctionnés plus sévèrement que des criminels de droit commun. Par la loi du 25 janvier 1967 (n° 6/7635) tous les documents écrits en kurde furent interdits sur le territoire turc.

Un constitutionnaliste turc, Mümtaz Soysal, a fait remarquer que "la Constitution de 1961 met, au contraire de celle de 1924, l'accent sur la proclamation et la protection d'une longue liste de libertés individuelles et de droits sociaux"[193]. Ainsi, les principes de tolérance présents dans la Constitution de 1961 n'étaient pas appliqués dans la pratique pour ceux qui mettent l'unité nationale indissoluble de la République turque.

Les milieux d'extrême gauche turcs n'étaient pas plus tolérants à l'égard des revendications des Kurdes. Leur slogan était "Özgürlüge, esitlige evet, bölücülüge hayir" (oui à la liberté et à l'égalité, non au séparatisme). Ce nationalisme "déguisé" réprimait la moindre revendication des Kurdes, sous prétexte d'internationalisme. De nombreuses anecdotes ont également été inventées pour rabaisser les Kurdes. Elles présentent les Kurdes comme des gens ne parlant pas bien le turc, comme des gens perdus (Dil bilmez yol, bilmez Kürtler). Elles montrent les Kurdes comme des animaux ayant une queue (Kuyruklu Kürtler).

D'autres racontent que comme la peau d'un ours ne vaut pas grand chose, un kurde ne peut pas être bon (Ayidan post Kürtten dost olmaz). Lorsque le kurde a beaucoup de beurre il le mange et étale le reste sur son visage (Kürdün yagi bol olunca hem yer hemde yüzüne sürer). Par contre les Kurdes ne pouvaient pas inventer des histoires pareilles. Car il a été tout simplement

---

[193] Mümtaz Soysal, *Le Constitutionnalisme Républicain et l'évolution Sociale en Turquie*, in Semih Vaner, *Modernisation Autoritaire en Turquie et en Iran*, L'Harmattan, 1991, p. 33.

interdit de revendiquer leur origine et rabaisser les Turcs[194].

La répression provoqua la création de partis clandestins kurdes[195]. Certains partis kurdes organisèrent des manifestations dans les villes kurdes sous le nom de Dogu Mitingleri (Les

---

[194] D'un autre côté, nous avons trouvé dans différents ouvrages occidentaux que plusieurs noms avaient été utilisés pour marquer la cruauté et la rudesse des Turcs. En Italie, *Mamma i Turchi* est une expression qui montre la violence qui frappe quelqu'un. Dans les pays Balkans, pour faire peur aux enfants ont dit *Attention le turc arrive.*

Par ailleurs, en France, dans le Larousse du XXe siècle, nous avons trouvé les propos suivants sur les Turcs :

Turc, Turque : - Personne dure, impitoyable : c'est un vrai Turc

-Zool, nom vulgaire de la larve hanneton commun

A la turque : - Rudement, durement.

Proverbe : Les amis ne sont pas des turcs, les amis sont indulgents et faciles

Larousse du XXe siècle, Tome 6, 1933, p. 843.

[195] Les principaux partis et mouvements illégaux kurdes sont :

- *Partiya Démocraté Kurdistana Tirkiyé* (PDK-T), 1964 : Parti Démocratique Kurde-Turc.
- *Devrimci Dogu Kültür Ocaklari* (DDKO), 1968 : Foyers Culturel Révolutionnaire de l'Est.
- Fikir Kulüpler Federasionu, (FKF), Fédération des Clubs des idées, mai 1969, (c'est la première organisation légale Kurde).
- *Devrimci Dogu Kültür Dernegi* (DDKD), 1974 : Association Culturelle Révolutionnaire Démocratique.
- *Partiya Sosiyalisté Kurdistana Tirkiyé* (PSK-T), 1974 : Parti Socialiste du Kurdistan de Turquie.
- *Komela Kerkeren Democraten Kuristané* (KKDK), 1974 : Association Démocratique des Travailleurs du Kurdistan.
- *Kawa* (nom d'un héros mythique), 1974.
- *Partiyé Kerkarén Kurdistan* (PKK), 1975 : Parti des Travailleurs du Kurdistan.
- *Ala Rizgari* , 1979 : La Bannière de la Liberté.
- *Kurdistan Ulusal Kurtulusculari* (KUK), 1979 : Libération nationale du Kurdistan.
- *Partiya Pésengé Karkerén Kurdistan* (PPKK), 1983 : Parti Ouvrier Pionnier du Kurdistan.
- *Partiya Islam Kurdistan* (PIK), 1990 : Parti Islamique du Kurdistan.
- *Hezbollah*, 1991 : Parti de Dieu.

manifestations à l'Est)[196].

De son côté, le gouvernement de Süleyman Demirel promulgue un décret selon lequel est "interdite et illégale l'introduction et la distribution en Turquie de matériel d'origine étrangère en langue kurde, sous quelque forme que ce soit. Par exemple, l'une d'elle à Silvan le 3 août 1967 réunit plus de dix mille personnes. Depuis 1938 c'était la première fois qu'un aussi grand nombre de Kurdes défilait, mais comme Kurdes et non plus comme gens de l'Est "dogulular". Ces manifestations ont continué en 1968 et 1969 patronnées par les DDKO (Foyers Culturels Révolutionnaires de l'Est). De son côté le TIP (Parti Ouvrier Turc) qui comptait de nombreux Kurdes déclara, lors de son 4ème congrès du 29-31 octobre 1970 : "le peuple kurde existe à l'Est". C'était la première fois qu'un parti turc légal reconnaissait l'existence du peuple kurde. Rappelons qu'avant cette déclaration beaucoup de Kurdes avaient quitté ce parti pour créer leur propre parti clandestin. Avec la prise du pouvoir par les militaires en réponse à l'aggravation de la situation économique et sociale le 12 mars 1971, l'armée exigea la démission du gouvernement.

Jean-Marie Demaldent insiste sur les tensions du moment :

> « Les militaires réagissaient à la flambée des luttes grévistes, à la radicalisation d'une partie de la jeunesse universitaire polarisée par le marxisme, à la poussée d'une vive contestation anti-américaine à

---

[196] Lors de manifestation les préoccupations personnelles et familiales cèdent le pas aux obsessions collectives. L'indépendance de l'individu est provisoirement suspendue. Il est fondu dans une multitude organisé et unanime, où disparaît son autonomie physique, affective et même intellectuelle. Il ne s'appartient plus et toute différence antérieure s'efface au profit d'une hiérarchie nouvel. Les gestes accoutumés du travail, les menues obligations de la vie privée, la régularité d'une existence quotidienne, sont alors remplacés par un monde à la fois rigoureux et frénétique, ou se composent étrangement l'exubérance et la discipline, l'angoisse et l'allégresse, la règle et le dérèglement. Ici, des jeûnes, de tumultes et de charivaris. Là une organisation plus méticuleuse pour aboutir à une dévastation plus étendue et plus poussée; l'ordre et le calcul conjugués avec le péril de mort et d'ivresse de détruire.

la suite des sanctions imposées à propos de la crise chypriote (...) »[197].

L'état de siège fut proclamé, Nihat Erim, député populiste remplaça Süleyman Demirel qui fut chargé de rétablir l'ordre. Le gouvernement modifia la Constitution de 1961, considérée comme très libérale, et jugée selon les propres termes du Premier Ministre de l'époque, Süleyman Demirel, comme "une Constitution pour les pays développés, qui donne trop de libertés".

Un désaccord entre les notables kurdes favorables au gouvernement turc, et une minorité d'étudiants et d'intellectuels kurdes s'installa. Les effets de l'urbanisation et de la scolarisation de masse n'étaient pas étrangers à cette querelle. Une nouvelle couche sociale kurde urbaine et scolarisée, susceptible de contester les notables kurdes et les grands propriétaires terriens intégrés dans le jeu clientélaire partisan turc, se développait. Les mentalités changeaient, on commençait à parler clandestinement de revendications nationales kurdes, sans oublier les effets positifs apportés par le mouvement des Kurdes d'Irak, sous la direction de Barzani[198]. Ce dernier vivait ses années les plus glorieuses. Sa radio qui diffusait dans les "zones libres" habitées par les Kurdes irakiens était facilement captée dans les régions kurdes de Turquie. La presse turque parlait des réussites de Barzani, alors qu'elle ne faisait jamais référence aux Kurdes de Turquie.

Les années soixante correspondent à des mouvements de masse, en particulier, les intellectuels discutent sur les différents modèles de développement, les mouvements d'ouvriers et d'étudiants sont basés sur la lutte des classes. A partir de la deuxième moitié des années soixante-dix, le mouvement des étudiants turcs, sous l'impulsion de l'organisation étudiante d'extrême gauche "Devrimci Gençlik" (La jeunesse

---

[197] Jean-Marie Demaldent "Regard froid sur une tragique impasse", *Confluences en Méditerranée*, n°6, printemps 1993, L'Harmattan, p. 138.

[198] Voir partie 2, Les Kurdes sous la domination irakienne.

révolutionnaire, dont le diminutif couramment utilisé est Dev Genç) et le mouvement nationaliste turc organisé par le Parti Nationaliste d'Action (Milliyetci Hareket Partisi, MHP, animé par le Colonel Turkes) s'affrontèrent violemment. On compta plusieurs personnes tuées chaque jour. Ce mouvement Dev Genç fut influencé par les mobilisations de mai 1968 en France des étudiants qui revendiquaient plus de liberté et d'égalité pour changer la société.

En général, une partie importante de la jeunesse kurde rejoignit les organisations communistes turques qui étaient plus réceptives aux revendications des jeunes Kurdes que les organisations nationalistes turques[199]. En 1977, Abdullah Öcalan et une dizaine d'étudiants kurdes et turcs marxistes-léninistes ont créé le PKK, revendiquant les actes commis par les militants au nom du peuple kurde. Dès lors les événements prirent une autre allure en Turquie et furent considérés par les autorités turques comme très dangereux pour l'unité de l'Etat turc. En effet, cette fois-ci, une organisation clandestine revendiquait ouvertement par ses actes et ses écrits, distribués clandestinement, les droits d'un peuple qui n'existe pas selon le discours officiel turc. Cette organisation kurde et marxiste-léniniste menaçait la Turquie, alliée de l'Occident et membre de l'OTAN, à sa frontière soviétique. Dans ce contexte, le coup d'Etat de 1980 éclata. La Constitution turque de 1971 fut aussitôt totalement modifiée en 1982.

Le coup d'Etat du 12 septembre 1980 a conduit à l'interdiction de la totalité des mouvements politiques légaux. La répression pratiquée par les putschistes fut tellement violente (exécutions sur place, emprisonnements, tortures systématiques, application de la peine de mort) qu'elle dissuada dans les années qui suivirent toute action de la part des mouvements d'extrême

---

[199] Ces organisations communistes qui se déclaraient internationalistes n'étaient pas pour autant favorables aux revendications nationales des Kurdes. Elles ne niaient ni la spécificité ni les droits des Kurdes, mais selon eux cette lutte ne devait pas détourner la classe ouvrière de sa lutte centrale contre le capitalisme et l'impérialisme.

gauche en Turquie, pourtant très actifs jusque là, et d'extrême droite aussi. Seules quelques actions isolées, pouvant aller jusqu'à l'attentat, seront préparées par les quelques militants que comptait le mouvement "Devrimci Sol" (Dev Sol : la Gauche révolutionnaire). Le PKK, clandestin depuis sa fondation, fut l'unique formation politique à pouvoir se mettre à l'abri de cette tempête en faisant sortir une grande partie de ses militants de Turquie. Quatre ans après le Coup d'Etat, il reprit son activité, mais dans une logique différente de celle d'avant 1980, la logique de la lutte armée.

La lutte armée du PKK, entamée le 15 août 1984, est considérée par une majorité des spécialistes de la question kurde comme le début de la renaissance du mouvement national kurde en Turquie « (...) le PKK transforma la question kurde d'un mouvement intellectuel touchant les étudiants et les travailleurs immigrés mécontents, en un mouvement communautaire de masse ». [200]. Les interviews effectués par Jacqueline Sammali dans différentes régions kurdes de Turquie montrent selon elle l'état d'esprit des Kurdes à propos de la "révolte" dirigée par le PKK. Pour elle, le mouvement du PKK a enlevé aux Kurdes leur sentiment de honte et leur a redonné de la fierté[201]. Cet avis est fortement nuancé par Gérard Chaliand pour qui le PKK ne privilégie pas tant la lutte contre l'Etat turc que les rivalités qui l'opposent aux partis concurrents et la recherche de leur élimination[202]. Chris Kutschera met tout particulièrement l'accent sur l'intolérance du PKK par rapport aux autres mouvements kurdes :

> « Si demain, par suite d'un miracle, les Kurdes de Turquie obtenaient ne serait-ce que l'autonomie, il seraient sans doute incapables de gérer cette victoire. Le plus militaire, le plus discipliné et le plus rigide de tous les mouvement kurdes, le PKK a

---

[200] David McDowall, "The Kurdish question in the 1990s", *Peuples méditerranéens*, n°68-69, p. 258.
[201] Jacqueline Sammali, *Etre Kurde, un délit ?*, *op. cit.*, p. 254-255.
[202] Cf. Gérard Chaliand, *Le malheur kurde*, *op. cit.*, p. 97.

admirablement appris à ses membres à se battre et à se sacrifier; mais il n'a jamais toléré l'ombre d'une opposition »[203].

Ce mouvement commença la lutte armée en 1984 essentiellement dans les régions kurdes avec une centaine de "combattants". Depuis cette date, ce parti ne cessa de prendre de l'ampleur, celle-ci se mesure par la croissance du nombre de combattants (plus de 15 000 en 1993), comme par le développement du soutien de la population kurde.

Cette lutte armée du PKK fut tout d'abord très contestée par les partis d'extrême gauche turcs et les autres partis politiques kurdes clandestins qui l'accusaient de faire écraser les "pauvres paysans kurdes" par les militaires turcs, à cause de leur présence dans la région et de faire tuer les jeunes Kurdes qu'il menait au combat. Les divergences entre les différents partis kurdes quant à la stratégie à suivre conduisaient à de sanglantes querelles. Entre 1976 et 1985 une lutte armée éclata entre le PKK et les autres partis politiques kurdes (Kawa, Komkar, Rizgari...), faisant des dizaines de morts. A partir de 1980, ces affrontements se prolongèrent à l'extérieur des frontières turques, principalement en Europe. Ils cessèrent en 1986.

Le but des organisations kurdes clandestines qui existaient avant que le PKK ne se tourne vers la lutte armée en 1984 était de ne pas utiliser la violence armée contre l'Etat turc et les notables kurdes (Agha). Le slogan utilisé par les partis kurdes, y compris en Iran et en Irak, était : "la démocratie pour l'Iran, l'Irak, la Turquie et l'autonomie pour le Kurdistan". Actuellement, les principales organisations clandestines kurdes qui existaient au début des années quatre-vingt ont disparu, à l'exception du Parti socialiste kurde de Turquie, PSK, de Kemal Burkay.

La lutte armée du PKK a permis de poser la question kurde sur le devant de la scène en Turquie. Ce parti qui revendiquait un particularisme de la population kurde, organisait des manifestations (non autorisées) dans plusieurs villes kurdes, des

---

[203] Chris Kutschera, *Le défi kurde..., op. cit.*, p. 20.

grèves de la faim, y compris dans les prisons, et célébrait *Newroz* , le "nouvel an kurde" (21 mars). Ainsi, le PKK a su mettre à l'ordre du jour la question kurde. Outre l'action armée du PKK, c'est aussi le traumatisme vécu par la Turquie après l'arrivée sur son territoire de réfugiés kurdes irakiens en 1988 et surtout en 1991 après la guerre du Golfe qui a, à la fois régionalisé et internationalisé, le problème kurde, tout en mettant hors course l'idéologie officielle turque.

La mise en avant des ces questions a contribué à la suppression de certaines lois concernant les Kurdes, telle que celle qui leur interdisait de parler leur langue maternelle[204]. Certains hommes politiques turcs acceptent l'existence du problème kurde. Les mots "Kurde" et "Kurdistan" ont pu être employés par les médias turcs. Quelques journaux kurdes en langue turque furent aussi créés.

Cependant, aucune révolte ou insurrection ne s'était propagée jusque-là dans une zone de peuplement kurde aussi large et n'avait duré aussi longtemps que celle dirigée par le PKK. Ces événements entraînèrent la perte de dizaines de milliers de civils, de combattants armés ou de militaires.

Les actions menées depuis 1984 par le PKK ne connurent aucun répit. Les autorités turques se servirent de ces affrontements pour lancer une campagne médiatique contre le PKK et construire un consensus national autour de sa politique.

Le développement de la lutte armée, d'une part, et les modifications de l'ordre régional consécutives à la guerre du Golfe, d'autre part, eurent un impact important sur le contexte politique, économique et social de la Turquie. Il reste cependant difficile de distinguer la part des effets que chacun de ces phénomènes a pu produire dans le changement de politique.

Néanmoins on estimera que c'est la conjonction des

---

[204]Le président de la République turque, Turgut Özal, déclara le 31 janvier 1991 : "si nous n'accordons pas la liberté de parler le kurde, nous serons alors coincés". Cité in Hamit Bozarslan, "Turquie : un défi permanent au nationalisme kémaliste", in Elisabeth Picard, *La question kurde*, Bruxelles, Editions Complexe, p. 48.

événements internationaux et du développement à l'intérieur de la Turquie de la lutte armée du PKK qui a conduit les autorités turques à opérer un tournant concernant la question kurde.

Depuis 1991 la publication de journaux, de livres et de revues en langue kurde est autorisée. On assiste à la création de plusieurs partis et organisations pro-kurdes et à l'émergence - ce qui est sans précédent - de discussions sur la question kurde[205]. Mais ce changement politique s'opère malgré de nombreux assassinats politiques, des arrestations, des disparitions, des tortures systématiques, des déportations, la fermeture et la saisie de journaux et de livres, l'emprisonnement de leurs auteurs et de journalistes, la condamnation à des amendes s'élevant à des milliards de livres turques pour les auteurs, les maisons d'éditions, et les journaux kurdes.

Les revendications du PKK varient selon les périodes. Jusqu'en 1991 (début des tractations avec les autorités turques), il demandait l'indépendance, aujourd'hui il réclame une fédération. Ses actions visent particulièrement les forces de l'ordre, les représentants de l'Etat, les protecteurs de village et parfois leurs familles (depuis 1996 A. Öcalan a déclaré que ni les villages, ni les familles des protecteurs de village ne seraient visés mais seulement les protecteurs de village en patrouille). Ces opérations meurtrières représentent un moyen important de propagande pour les autorités turques qui accusent le PKK d'être une organisation terroriste qui tue les femmes et les enfants et incendie les villages.

Après chaque événement sanglant les autorités turques accusent le PKK : la censure qui recouvre tous les événements de la région kurde empêche de vérifier ces faits. Toutefois, quelque temps plus tard, on apprend que les victimes supposées

---

[205] Cependant cette ouverture ne se fera pas sans peine. Les journaux kurdes, certaines organisations pro kurdes seront dissous à partir de 1995. La dissolution d'un parti sera suivie d'une refondation. Le parti pro kurde DEP, sera ainsi dissou. Il sera remplacé par le HEP qui sera dissou à son tour et refondé sous le nom de HADEP. Les dirigeants de ce dernier parti sont emprisonnés depuis juillet 1996. Leurs bureaux sont régulièrement perquisitionnés ou incendiés.

avoir été exécutées par le PKK ont été tuées par l'armée et "Özel Tim"[206].

On a constaté par exemple, à Güçlükonak (Sirnak), l'assassinat de six protecteurs de villages et de quatre villageois le 5 mai 1996, ou à Hantepe (Diyarbakir) l'assassinat de quatre instituteurs le 2 octobre 1996. Parfois, les zones économiques et touristiques de Turquie sont menacées.

Par ces actions très diversifiées (manifestations, combats meurtriers, « intifada », « serihildan »...), le PKK est parvenu à se maintenir comme un acteur de première importance depuis 1984. Ses combattants proviennent de différents pays de la région. Ceci explique que les langues kurde, turque, arabe et perse sont fréquemment utilisées dans ses rangs.

---

[206] Tim : groupe (mot anglais "Team" turquisé). Ni les unités de l'armée régulière, ni les forces de police locales ne peuvent briser la guérilla kurde qui mène une série d'attaques contre les forces de sécurité et les villages pro-gouvernementaux, alors depuis le 19 août 1987 le gouvernement a mis en place un corps d'armée spécial dans les villes kurdes sous l'autorité du Super Gouverneur.

Chapitre 2 - Les Kurdes dans les autres pays

Les Kurdes et les Perses

Au XVIe siècle, un accord entre l'Empire ottoman et l'Empire safavide à la suite de la guerre de Tchaldyran (qui débuta le 23 août 1514 au Nord-Ouest du lac d'Ourmiah), divisa la zone kurde en deux grandes zones d'influence. Une partie de cette zone passa sous la domination de l'Empire safavide. Bien qu'étant placées sous l'autorité d'empires centralisés (Ottomans et Persans), les principautés kurdes continuèrent à régler leurs affaires intérieures de façon autonome. Les Kurdes de Perse, qui disposaient pour leur part d'une autonomie moins grande que les Kurdes de l'Empire ottoman, luttèrent jusqu'à la Deuxième Guerre mondiale contre l'hégémonie persane. Une révolte kurde d'une très grande ampleur avait déjà éclaté en Perse en 1880, sous le commandement du Cheikh Obeidoullah. Les instigateurs de cette révolte, commencée dans la région kurde sous domination perse, avaient pour but pour la première fois l'unification et l'indépendance du territoire habité par les Kurdes. Plus tard, au cours de la Première Guerre mondiale, ce territoire devint un véritable champ de bataille opposant les Turcs et les Russes.

Le traité de Lausanne signé le 24 juillet 1923 rendit caduque le traité de Sèvres signé par les Alliés le 10 août 1920. Tout comme les Kurdes de Turquie à la même période, les Kurdes d'Irak se révoltèrent contre les autorités anglaises. Suivant ces exemples, les Kurdes d'Iran se retournèrent à leur tour contre les autorités iraniennes sous la direction d'Ismail Agha, surnommé "Simko". Ils parvinrent à prendre le contrôle en 1925 d'une partie de la région iranienne de l'Ouest habitée par les Kurdes. Mais cette révolte se développa aussi comme une réaction aux violences du Chah d'Iran, Reza Khan, dont le but était de créer un régime centralisé et autoritaire. Il appliquait en effet les mêmes pratiques répressives que Mustafa Kemal en Turquie : interdiction de la langue, des traditions et de la culture kurdes, déportations, emprisonnements. En 1930, "Simko" fut tué par des représentants iraniens venus discuter avec lui de l'établissement de la paix entre les Kurdes et les Perses. D'autres soulèvements eurent lieu dans les années trente, dans les régions kurdes. Ils furent tous très vite écrasés. Depuis 1946 (chute de la République kurde auto-proclamée à Mahabad), la langue kurde fut tantôt interdite, tantôt tolérée, et toutes les revendications et révoltes kurdes étouffées. Cependant, certains droits culturels furent reconnus, ils permirent de gérer une situation, mais sans apporter pour autant une solution.

La Seconde Guerre Mondiale eut une grande importance pour les Kurdes d'Iran. L'entrée en guerre de l'URSS, en juin 1941, avait fait de l'Iran un corridor potentiel qui rendait possible les approvisionnements en armes de l'URSS en provenance du golfe Persique par les Alliés. De plus, l'Iran possédait de grandes ressources pétrolières. Le Chah s'étant refusé à expulser la mission allemande et ne cachant pas ses sentiments anti-soviétiques, une invasion conjointe soviéto-britannique du territoire iranien fut décidée et lancée le 25 août 1941, respectivement au Nord et au Sud. Elle fit ainsi s'écrouler le régime difficilement érigé par le Chah Reza. L'armée iranienne se désintégra aussitôt. Les Soviétiques établirent des relations directes avec les Kurdes. Une délégation kurde fut invitée à Bakou pour discuter de leur avenir. L'armée iranienne n'était plus présente dans la région kurde de l'Ouest. Profitant de cette liberté, les Kurdes commencèrent à exercer des activités qui leur étaient interdites auparavant, comme la création d'écoles en langue kurde, la pratique de leurs traditions, la publication de journaux, la création d'associations culturelles, politiques etc...

En août 1945, toutes les organisations kurdes se regroupèrent dans une organisation fédératrice, le PDKI (Parti Démocratique du Kurdistan Iranien), sous la direction de Qazi Mohamet

(1900-1947)[207]. Aussitôt le chef charismatique des Kurdes d'Irak, Moustafa Barzani, qui venait d'être chassé d'Irak, les rejoignit avec beaucoup de sympathisants et forma une armée. Le 25 janvier 1946, ils proclamèrent la République kurde de Mahabad[208]. Des institutions furent mises en place : une administration, un appareil judiciaire, une armée régulière, etc... Un hymne national fut composé : "Ey Ragip" (Oh, ennemi). Le gouvernement kurde d'Iran revendiqua auprès du gouvernement iranien "l'autonomie pour le Kurdistan dans un Iran démocratique". Ce slogan est toujours valable de nos jours, aux yeux des partisans kurdes locaux.

Les Russes avaient exercé une pression extraordinaire sur le gouvernement iranien par la création d'une République kurde qui facilitait la "division" de l'Iran. Les Russes profitèrent de leur rapport de force sur l'Iran pour faire aboutir leurs revendications économiques et politiques. Ils contribuèrent également à résoudre les problèmes que représentait l'apparition de la République d'Azerbaïdjan. Pour les Russes, les champs pétrolifères d'Azerbaïdjan constituaient en effet un de leur principal objet de convoitise. Un accord fut conclu entre les Russes et l'Iran concernant le partage des zones pétrolifères. Les

---

[207] Le programme du gouvernement des Kurdes d'Iran affirme que le peuple du Kurdistan devait jouir des droits que la Charte Atlantique reconnaissait à toutes les Nations :

a- L'autonomie pour le Kurdistan iranien dans le cadre de l'Etat iranien.

b- L'emploi du kurde comme langue officielle.

c- L'élection immédiate d'un conseil provincial.

d- Le recrutement de fonctionnaires d'origine locale.

e- L'adoption d'une loi unique pour les notables et les paysans.

f- La coopération avec le mouvement azerbaïdjanais.

g-L'amélioration de la situation économique et sociale du Kurdistan, notamment par l'exploitation des ressources naturelles, l'amélioration de son agriculture et le développement de l'hygiène et de l'éducation.

[208] Sur la création de la République kurde de Mahabat voir le livre de William Jr Eagleton entièrement consacré à cette République *The Kurdish Republic of 1946*, Oxford, Oxford University Press, 1963.

Voir également l'article de Pierre Rondot, "Le mouvement national kurde en 1946", *Revue du Monde Musulman*, 3ème série, n°38 (22ème année), 2ème trimestre 1947, pp. 128-141.

Russes évacuèrent l'Iran et retirèrent leur soutien à la République kurde. Chris Kutshera considère en ce sens que la déclaration, le 27 novembre 1946, en faveur de l'intégrité territoriale du nouvel ambassadeur américain à Téhéran, George Allen, explique le retrait soviétique[209].

L'évacuation des troupes russes ne permit plus aux Kurdes de maintenir leur république autonome. L'armée iranienne reprit le contrôle de ces territoires à la mi-décembre 1946 : les dirigeants de la République kurde furent pendus, et, toutes les activités des Kurdes furent de nouveau interdites. Tout ce qui pouvait rappeler l'existence passée de cette république fut détruit.

Après le chute de la République kurde de Mahabad, la répression des autorités iraniennes fit taire les revendications nationales kurdes. Les Kurdes d'Iran ne bénéficièrent d'une tolérance que sous le gouvernement du Dr Mossadegh, entre 1949 et 1953. Lors des élections de 1952, les Kurdes ne purent présenter leurs candidats, mais certaines libertés leur furent accordées. En 1953, après le coup d'Etat contre le Dr Mossadegh, le Chah Reza s'empara du pouvoir politique effectif. La répression contre les Kurdes reprit par les actions des militaires iraniens qui détruisirent des villages kurdes, et déportèrent la population civile de nouveau. La police secrète iranienne de l'époque, la tristement célèbre "Savak", élimina les dirigeants kurdes sans distinction d'âge ni de sexe. Pour se déplacer dans la région kurde, la population devait obtenir une autorisation de la police. Toute revendication culturelle des Kurdes fut sévèrement réprimée.

La politique d'assimilation persane des Kurdes, amorcée au temps du Chah Reza, resta en vigueur. En outre, principalement entre 1964 à 1970, le Chah d'Iran apporta une aide substantielle à Barzani, dans le but à la fois d'affaiblir le régime de Bagdad et de neutraliser le mouvement national kurde en Iran. Le Chah exigeait que Barzani collaborât avec les autorités iraniennes

---

[209] Chris Kutshera, *Le mouvement national kurde*, *op. cit.* p. 183.
Rappelons que le gouvernement américain était favorable au maintien de la souveraineté iranienne.

pour contrôler et réprimer toute activité politique des Kurdes iraniens[210].

L'activité des Kurdes iraniens ne fut plus permise dans la zone contrôlée par les Kurdes d'Irak dirigés par Moustafa Barzani. Par ailleurs, alors même qu'il avait développé des relations privilégiées avec les Kurdes d'Irak, le Chah négociera des accords entre l'Irak, l'Iran et la Turquie qui seront défavorables aux Kurdes. Tel fut le cas du pacte de Bagdad, ou encore d'autres accords conclus secrètement entre ces Etats.

Le caractère fortement autoritaire du régime du Chah d'Iran avait conduit les Kurdes d'Iran à soutenir toutes sortes de mouvements d'opposition contre le Chah, qu'ils soient communistes ou islamistes. Les Kurdes participèrent activement au renversement du régime du Chah qui eut lieu le 11 février 1979. Profitant de cette révolution, certaines villes kurdes, (Kermanchah, Ourmiyeh, Sanandaj...) tombèrent sous le contrôle de combattants kurdes qui mirent en place une administration autonome. Des structures furent installées pour gérer les affaires économiques, administratives et culturelles. Le leader du PDK fut reçu par Khomeyni en exil en France juste avant son retour en Iran, qui manifesta son soutien aux minorités kurdes et se déclara prêt à leur accorder des droits lorsqu'il retournera en Iran.

Ce fut la première fois depuis plus de trente ans que des publications en langue kurde purent paraître librement. La

---

[210] Après le décès de Barzani le 1er mars 1979 à Washington, le porte-parole du PDK iranien prononça des discours assez violents à son encontre. Selon des sources provenant de Kurdes d'Iran, certains leaders kurdes iraniens qui s'étaient réfugiés dans la région kurde en Irak contrôlée par Moustafa Barzani auraient été livrés aux autorités iraniennes. On peut lire ainsi dans le quotidien Libération du 23 avril 1979 (n° 1576) : "(...) Dans la plupart des régions du Kurdistan iranien et irakien Barzani était connu comme un traître (...) qui anéantit, pour ses ambitions personnelles, les forces des peshmergas comme celles des libérateurs kurdes."
Mais ceci est caractéristique de la situation d'un peuple vivant dans plusieurs Etats, où le héros d'un pays devient le traître dans un autre. Masut Barzani traitait par exemple Abdullah Öcalan de traître, allié de Saddam qui lui-même traitait Barzani d'allié de la Turquie.

langue kurde put être utilisée dans l'administration sans faire l'objet d'une quelconque répression. Le 3 mars 1979, le Parti Démocratique du Kurdistan Iranien (PDKI) annonça sa légalisation à Mahabad, après plus de trente ans de clandestinité. Mais ceci fut très mal perçu par les nouvelles autorités politiques islamistes au plus haut niveau. Contrairement à leur engagement auprès des Kurdes avant le renversement du Chah, ces autorités se montrèrent opposées à toute reconnaissance d'un particularisme kurde. La délégation kurde, dont Abdoul Rahman Ghassemlou[211] alors président du PDK, qui se rendit fin mars 1979 à Qom, la ville sainte iranienne, pour présenter à l'Ayatollah Khomeyni les revendications des Kurdes, se trouva confrontée à de nouvelles positions. L'Ayatollah fit savoir aux délégués que les revendications d'autonomie étaient irrecevables. Les propos échangés sont des plus clairs.

"- Nous sommes tous des Musulmans, il faut préserver notre unité dans ce cadre, nous aurons tous les mêmes droits (...) il n'y a pas de problèmes, vous aurez des routes, des écoles, des hôpitaux.

- Mais nous voulons nos droits politiques, nous voulons l'autonomie.

- Ces deux mots, démocratie et autonomie ne figurent pas dans le Coran et sont étrangers à l'Islam (...)."[212]

Sur le fond, la réponse de l'Ayatollah Khomeyni ne fut pas différente de la position adoptée par le Chah qui avait considéré auparavant toute demande d'autonomie comme séparatiste[213], sinon que l'Ayatollah prenait le Coran comme référence.

Le 28 mars 1979, l'aviation et les hélicoptères iraniens bombardèrent des villes et villages kurdes. A Sanandaj, près de 400 personnes trouvèrent la mort en une seule journée, selon des

---

[211] Abdoul Rahman Ghassemlou est né en 1930. Il a suivi des études universitaires en sciences économiques en Tchécoslavaquie. Il a été secrétaire général du PDK iranien à partir de 1971. Il a été assassiné à Vienne le 13 juillet 1989. Son assassinat a été attribué aux services secrets iraniens.

[212] Cité dans le dossier *Kurdistan* publié par l'Institut Kurde de Bruxelles, 3ème édition, mars 1992, p. 63.

[213] Cf. *Le Monde Diplomatique*, septembre 1990.

sources kurdes iraniennes. Les revendications des Kurdes, "démocratie pour l'Iran et autonomie pour le Kurdistan", présentées à Khomeyni par une délégation furent rejetées. Les mesures répressives à l'égard des Kurdes reprirent : massacres, déportations et exécutions sommaires furent si violemment pratiqués par le nouveau régime islamique que les Kurdes finirent part regretter l'ancien régime du Chah qu'ils trouvaient en comparaison moins cruel. Tout dialogue fut rompu entre les deux camps. Les Kurdes boycottèrent le référendum sur la République islamique et Khomeyni déclara la guerre sainte aux Kurdes en les traitant "d'enfants du diable" ou "des plus grands infidèles".

Cependant, la prise d'otages à l'Ambassade américaine de Téhéran par des étudiants islamiques iraniens et la détérioration des relations avec l'Irak permirent aux dirigeants iraniens de changer à nouveau leur discours à l'égard des Kurdes. Le 17 novembre 1979, Khomeyni adressa le message suivant aux Kurdes :

> « Ceux qui vous ont accusé de complot contre la République islamique sont des calomniateurs... Je vous tends la main humblement et je vous supplie de sauvegarder notre unité, toute division ne pouvant profiter qu'à l'impérialisme américain (...). »[214]

Ce changement de discours ne modifia pas les pratiques répressives des dirigeants iraniens. Les affrontements entre les Kurdes et les militaires iraniens ("pastars") ne cessèrent pas, y compris durant la guerre Iran-Irak. Après cette guerre, les attaques du gouvernement iranien redoublèrent d'intensité. Des dirigeants politiques kurdes furent assassinés, en Iran comme en Europe[215]. Toute revendication kurde fut punie. Les opposants au régime qui se sont réfugiés en Irak dans la zone contrôlée par l'ONU ont été systématiquement bombardés et parfois l'armée

---

[214] Quotidien *Le Monde*, 22/12/1979.

[215] Plusieurs dirigeants kurdes iraniens ont été tués par les services secrets iraniens en Europe, dont deux secrétaires généraux du PDK iranien : Abdul Ramant Ghassemlou à Vienne en 1989 et Serefkendi à Berlin en 1992.

iranienne a passé la frontière irakienne pour les chasser.

Avec la prise du pouvoir des Mollahs, l'Iran, la Turquie et la Syrie renouèrent leur coopération pour faire face aux revendications des Kurdes, en particulier celles des Kurdes d'Irak qui avaient proclamé un « Etat fédéré ». L'Irak fut exclu de ces rencontres. Rien n'a donc changé pour les Kurdes d'Iran depuis la Révolution Islamique. Comme sous le régime du Chah, le consensus sur le "danger kurde" entre les Mollahs et les pays de la région continue.

Les Kurdes et l'Etat irakien

Les Anglais avaient découvert du pétrole dans la région nord de l'Irak habitée par les Kurdes, avant même la Première Guerre mondiale. Les premières négociations anglo-arabes eurent lieu en 1914 entre les représentants britanniques et le Chériff de La Mecque, Hussein Ben Ali. Ce dernier demandait déjà, à cette date, l'aide des Britanniques pour créer un Etat arabe indépendant, alors même que la région se trouvait encore sous mandat ottoman. Dans une lettre envoyée au représentant britannique, le Cherif de La Mecque évoquait déjà le tracé de la frontière du nouvel Etat arabe :

> « Le Gouvernement britannique s'engagerait à aider à la formation d'un Etat arabe, complètement indépendant dans ses affaires intérieures et ayant pour frontières : à l'est, le Golfe Persique; à l'ouest, la mer Rouge, les frontières d'Egypte et la Méditerranée; au nord, les deux vilayets d'Alep et de Mosoul ainsi que la frontière persane jusqu'au Chatt-el-Arab. La colonie d'Aden n'entrerait pas dans cet Etat (...). »[216]

Plusieurs accords furent ensuite conclus, d'avril 1915 à mars 1916, entre l'Angleterre, la France, la Russie, et l'Italie sur le partage du Moyen-Orient. Mais la Révolution russe qui éclata en octobre 1917 ne permit plus aux Alliés d'exécuter le partage

---

[216] Cité in Vanly I. C, *Le Kurdistan irakien, entité nationale*, *op. cit.*, p. 46.

prévu. La Russie renonça à sa part et les Anglais et les Français durent finalement revoir leur accord en décembre 1918, Georges Clémenceau, Premier Ministre français, céda à l'Angleterre les "droits" de son pays sur Mosoul, à condition que la France ait "sa part de pétrole de Mésopotamie et du Kurdistan"[217].

Mais, le 30 octobre 1918, l'armistice de Moudros fut signée entre les représentants britanniques, français et turcs. Plus tard, les Britanniques occuperont la zone de Kirkouk et de Mosoul. Le Conseil Suprême des Alliés, réuni à San Remo le 26 avril 1920, reconnut le mandat britannique sur l'Irak et le Vilayet de Mosoul. Un projet élaboré par les Américains préconisait que les pays non turcs de l'Empire ottoman, l'Arménie, le Kurdistan et l'Arabie, soient placés sous le mandat de la SDN. Suite à ce projet, le Traité de Sèvres qui fut conclu entre les Alliés et le gouvernement turc en 1920, prévoyait dans ses articles 62-63-64, la création d'un Kurdistan autonome dans une petite partie de la région kurde qui ne comprenait pas Kirkouk et Mosoul.

De leur côté les Kurdes, soucieux de leur sort, se réunirent autour de leur leader Cheikh M. Berezendji pour s'opposer à ce contexte nouveau. On peut voir dans des documents britanniques écrits par des officiers stationnés dans la région et destinés à leur gouvernement, que les responsables britanniques ne prenaient pas au sérieux les revendications kurdes. Un officier britannique jugeait ainsi les revendications kurdes :

> « Les Kurdes sont désunis, ils ne s'accordent que sur leur opposition à toute forme de gouvernement qui les aurait placés sous domination arabe, les Kurdes sont, presque sans exception, soucieux de jeter bas leur allégeance envers la Turquie... ».(...)
> « Cheikh Mahmoud Berezendji demandait une forme limitée d'autonomie, sous la protection britannique et protestait contre une influence directe du gouvernement de Bagdad qui était arabe. »[218]

Repoussant les aspirations des Kurdes, les Britanniques décidèrent de soutenir le 23 août 1921 l'Emir Faysal de la

---

[217] Jean Pichon, *Le partage du Proche-Orient*, Paris, 1938, p 77.
[218] Cité par Vanly I. C, *Le Kurdistan irakien, entité nationale*, *op. cit.*, p 71.

Mecque comme Roi de l'Irak. Certains responsables britanniques insisteront sur le rôle de la Grande-Bretagne dans la création de la monarchie irakienne. Gertrude Bell, assistante de Sir Percy Cox et d'Arnold Wilson, hauts-commissaires britanniques à Bagdad, déclara par exemple, "Je ne recommencerai jamais à créer un Roi; c'est un trop grand effort..."[219]. L'administration britannique en Irak continuait ainsi à participer à la construction de l'Etat irakien, tout en s'opposant par la force aux insurrections kurdes qui se succédaient, principalement à Sulemaniya, puis à Barzan.

Le mécontentement des Kurdes et la revendication sur Mosoul de Mustafa Kemal inquiétaient les Britanniques. Ces derniers décidèrent alors de faire revenir Cheikh Mahmoud, qui avait été envoyé en exil, pour faire face à ce danger. Cheikh Mahmoud qui fut nommé Gouverneur de Sulemaniya, forma son gouvernement et se proclama Roi du "Kurdistan", le 18 novembre 1922, contestant l'autorité du Roi Faysal sur cette région. Cette proclamation inattendue donna naissance à de nouvelles discussions entre les Kurdes et les Britanniques sur le statut de la région. Ces négociations portèrent uniquement sur le territoire irakien, car , le 22 juillet 1923, les Britanniques et les Alliés avaient signé avec la Turquie le traité de Lausanne qui démembrait l'Empire ottoman.

Alors qu'il avait déclaré aux Britanniques qu'il était prêt à accepter un Kurdistan "placé sous la protection britannique"[220] Cheikh Mahmoud , se trouva contraint de regagner la montagne pour continuer sa lutte. Sa proposition ne fut jamais prise en compte par les Britanniques. En février 1929, la Grande-Bretagne renonça à son mandat sur l'Irak qui accédait à l'indépendance. De nombreux chefs kurdes apportèrent alors leur soutien à Cheikh Mahmoud. Mais, l'armée britannique, toujours présente, mit sa logistique à la disposition de l'armée irakienne. Les violentes attaques de l'armée irakienne soutenue

---

[219] Gertrude Bell, Lettres, p. 492, cité par Chris Kutschera, *Le mouvement national kurde*, *op. cit.*, p. 56.

[220] Chris Kutschera, *Le mouvement national kurde*, *op. cit.*, p. 111.

par les Britanniques, contraignirent Cheikh Mahmoud, épuisé par les combats, à accepter la proposition des Britanniques. Le 13 mai 1931, il se rendit en l'Irak où il vivra en résidence surveillée. Il y mourra en 1956.

La place vide laissée par la reddition de Cheikh Mahmoud fut aussitôt prise par Cheikh Ahmed de Barzan qui était en désaccord avec les autorités irakiennes sur l'avenir de la région. Cette zone près de la frontière turque était contrôlée par Cheikh Ahmed, mais le gouvernement irakien voulait établir son autorité jusqu'à la frontière turque avant l'expiration du mandat britannique. Avec l'aide d'un certain nombre d'officiers britanniques commandés par le Général britannique Headlame et par l'intervention massive de la Royal Air Force (RAF), la révolte de Cheikh Ahmed fut aussitôt réprimée, détruisant des milliers de villages et tuant des milliers de civils. Cheikh Ahmed se réfugie en Turquie avec ses partisans en 1932. C'est dans ces conditions que les Britanniques terminèrent leur mandat sur l'Irak.

Un ingénieur de Nouvelle Zélande, travaillant pour les Britanniques dans cette région, écrivit au sujet du rôle joué par l'armée britannique dans cet affrontement :

> « (...) Plusieurs bataillons de l'armée locale furent renvoyés pour occuper cette contrée de Barzan; mais il leur fût impossible de battre ces montagnards décidés, avant de faire appel à la RAF (Royal Air Force) pour les amener à se soumettre. Cheikh Ahmed, leur chef, fût profondément aigri par notre immixtion et se livra à ses anciens ennemis les Turcs, chez qui il est prisonnier (...) »[221].

Les Kurdes recoururent aussi aux voies démocratiques avant même le début des affrontements. Elles n'aboutirent pas.

> « (...) en février 1929 , lorsque 6 des 16 députés adressèrent au gouvernement de Bagdad une pétition pour qu'il constituât une unité administrative kurde comprenant les Liwas de Suleimanié, de Kirkouk, et d'Erbil, et les arrondissements de Liwa, de Mosoul où

---

[221] A.M Hamilton, *Ma route à travers le Kurdistan irakien*, *op. cit*, p. 202.

on parle le kurde. Le refus du Premier Ministre et l'annonce que le mandat allait cesser provoquèrent une série de graves insurrections. Elles durèrent de 1930 à 1931 sous la conduite successive de trois Cheikhs Barzani, (Mahmout, Ahmed, Mollah Moustafa), et de Cheikh Chabah de la tribu de Sourtchi. En 1931, dix notables du Suleimanié s'adressèrent à Genève pour que la Société des Nations crée et protège un Etat kurde détaché de Bagdad, mais on leur répondit qu'il n'avait jamais été question pour les Kurdes d'une autonomie au sein de l'Irak. Aidée par la Royal Air Force et les levies assyriens, Bagdad finit par mater la rébellion dont elle pensa prévenir le retour par des exécutions et des déportations massives (...). »[222]

Entre les deux guerres mondiales, les Kurdes espéraient toujours obtenir des garanties internationales pour assurer un minimum de droits au peuple kurde, conformément, selon eux, aux exigences du droit international concernant les droits des peuples et les droits de l'homme.

En 1943, Moustafa Barzani, qui était en résidence surveillée depuis son retour de Turquie, s'échappa de Sulemaniya où il avait été placé par le gouvernement irakien suite aux événements précédemment vécus dans la région de Barzan. Il put ainsi rejoindre sa région natale de Barzan[223] où il organisa avec d'autres leaders de la région de nouvelles formes d'opposition. Ce fut le début d'une vaste insurrection nettement plus préparée que la révolte locale de 1931-1934, dirigée par son frère, Cheikh Ahmed. En peu de temps, il parvint à former des milices armées, alors que les Irakiens étaient dotés d'armement

---

[222] Bernard Vernier, *L'Irak d'aujourd'hui*, *op. cit*, p. 72.

[223] Moustafa Barzani a vécu dans son enfance deux événements tragiques qui seront décisifs dans sa volonté de fuir. Il a été emprisonné pendant un an avec sa mère alors qu'il était tout petit et il a été témoin de la pendaison de son frère, Cheikh Abdulsalam, par les Ottomans, à Mosoul, en 1914.

"(...) Je pensais toujours à mon frère, je voyais son corps pendu, bien que j'étais si petit je pensais qu'au lieu d'être pendu sans raison il est préférable d'être mangé par les loups dans les montagnes, dans la forêt, et j'ai juré de ne jamais retourner en prison (...)."

Quotidien *Tercüman*, Reportage avec Barzani, 17 avril 1970.

lourd. De nombreux jeunes officiers kurdes désertèrent l'armée irakienne pour rejoindre Barzani.

Les combats se propagèrent à l'ensemble des régions de Barzan, Behdinan et Rowandouz. Moustafa Barzani élargit ses revendications à l'ensemble des régions kurdes d'Irak. Les Britanniques s'inquiétant de la progression de la guerre vers les installations pétrolières de Kirkouk, envoyèrent leur aviation bombarder de nouveau la région kurde. D'un autre côté, par l'intermédiaire de leur ambassadeur, ils demandèrent que Barzani cesse sa lutte et se rende aux autorités.

Après maintes péripéties, Barzani se trouva obligé de se rendre dans la région kurde d'Iran, fin 1945, avec environ 5 000 civils qui appartenaient à son clan. Cette région repassa à ce moment-là totalement sous le contrôle des autorités iraniennes. Il participa alors à la création de la République kurde de Mahabad (qui durera jusqu'en 1947).

Suite à l'effondrement de la République de Mahabad, Barzani fut contraint de se réfugier en URSS avec un millier de ses partisans. Les familles des partisans de Barzani, environ 5 000 femmes et enfants retournés en Irak, après la destruction de la République kurde de Mahabad, furent internées dans un camp près de Diana. Les hommes furent emprisonnés à Kirkouk et Sulemaniya. Barzani restera onze ans en URSS.

La monarchie irakienne fut renversée le 14 juillet 1958, par le Général Abdel Kerim Kassem. Ce dernier changea la constitution et instaura aussitôt une certaine liberté, voir une certaine égalité formelle pour les Kurdes qui accueillirent en général ce régime avec optimisme. La nouvelle constitution provisoire du 27 juillet 1958 affirmait dans son article 3 :

> « La société irakienne est fondée sur la coopération totale entre tous les citoyens, sur le respect de leurs droits et de leurs libertés. Les Arabes et les Kurdes sont associés dans cette Nation, la constitution garantit leurs droits nationaux au sein de l'identité irakienne. »[224]

---

[224] Vanly I. C, *Le Kurdistan irakien Entité nationale, op. cit.*, p. 81.

Cette reconnaissance fut intégrée dans les symboles de la nouvelle République représentant un poignard kurde croisé avec une épée arabe en dessous de l'inscription "République irakienne".

Le Général Kassem prit des mesures concrètes en faveur des Kurdes : liberté pour la presse kurde et l'enseignement en langue kurde, amnistie générale pour les Kurdes, législation pour les partis politiques kurdes. Il amnistia aussi les opposants à l'ancien régime, y compris les communistes De nombreux Kurdes adhéreront au parti communiste irakien qui avait été créé en 1934. Pourtant le statut même du parti comportait certains articles qui s'opposaient à la création d'un Etat kurde, ceci alors même que ses militants se réfugiaient toujours dans la région contrôlée par les Kurdes pendant les périodes de répression exercée par le pouvoir de Bagdad. Un article publié dans le journal de ce parti *El Kaida*, en novembre 1945, disait :

> « Nous luttons pour toutes les libertés : liberté d'organisation , liberté de la vie démocratique, liberté d'expression. Nous luttons pour l'égalité de l'éducation de tous les Irakiens. En bref, nous luttons pour le bonheur des Kurdes. La classe ouvrière possède des organisations qui tolèrent des discussions sur la séparation ou l'unification des peuples kurdes et irakiens, dans leur intérêt commun. Mais la revendication de séparation des Kurdes de l'Irak est une revendication fausse. Cette revendication n'est pas dans l'intérêt de la population kurde. »[225].

Il demanda officiellement le retour de Barzani afin de "diriger le pays ensemble". Barzani répondit aussitôt à cette invitation.

> « Le 1er octobre 1958 le général Moustafa Barzani, jusqu'alors réfugié en URSS, arrive à Bagdad, où il est reçu en héros par le ministre Kassem, qui met à sa disposition une garde d'honneur et un palais. De grandes manifestations populaires marquent l'événement,

[225] Cité par Hidir Göktas, *Kürtler II, Mahabad'dan 12 eylul* (Les Kurdes II, de Mahabad au 12 septembre), Istanbul, Editions Alan, novembre 1991, p. 25.

où les foules arabes et des délégations hâtivement arrivées du Kurdistan se mêlent dans l'enthousiasme. Aux yeux de tous, le chef kurde est à la fois un héros national ayant lutté pour la liberté de son peuple et un héros irakien ayant combattu l'Angleterre et l'ancien régime. Dans la faveur du public, il est le deuxième personnage après Kassem le libérateur. Sa photographie est partout affichée, même dans les villages arabes... »[226].

Le Parti Démocratique du Kurdistan irakien (PDKI) devient légal[227]. Ce fut donc à partir de cette date que la question kurde se concrétisa et que Moustafa Barzani devint un mythe. Suite au renversement du Roi, la libéralisation de la presse, la reconnaissance du peuple kurde, le retour de Barzani et le retrait de la République irakienne du Pacte de Bagdad devenaient des acquis aux yeux des Kurdes[228].

Les bonnes relations entre Barzani et le gouvernement irakien

---

[226] Cf. Ismet C. Vanly, *Le Kurdistan Irakien, entité nationale*, *op. cit.* p. 83.

[227] Le PDK irakien a été créé le 16 Août 1946 sur la proposition de Moustafa Barzani. Ce dernier a été nommé Général lors de la création de la République kurde de Mahabad en Iran. Après la chute de cette République, il sera obligé de se réfugier en URSS jusqu'en 1958. Il ne pourra donc plus participer aux activités de son parti. En 1958, suite au renversement de la monarchie, il retournera en Irak et prendra la direction du PDK. Le programme du parti vise à l'autonomie du "Kurdistan" irakien et développe des revendications sociales anti-impérialistes et anti-réactionnaires. Le nombre de ses adhérents ("de 500 à 2 000") était peu important du fait de la clandestinité du parti. Ce parti recevra un coup dur en 1964 suite à une mésentente entre Barzani et le bureau politique (Talabani, I. Ahmet). Mais cette division n'empêchera pas Barzani de conclure un accord (le 11 Mars 1970) avec le gouvernement irakien. Cet accord laissera une trace importante dans l'histoire des Kurdes d'Irak. Mais Barzani subira une défaite suite à l'accord d'Alger et finira ses jours en exil en 1979. Le PDK s'inspire de l'idéologie marxiste-léniniste. Il fait également référence à des doctrines sociales progressistes qui correspondent aux réalités du peuple kurde. Il se réfère aux principes démocratiques d'un gouvernement élu et se présente comme étant favorable au pluralisme politique. Sur le plan national, ce parti milite pour l'égalité des nationalités et le droit à l'autodétermination et s'affirme anti-impérialiste.

[228] Abdulkarim Kassem est le Général d'armée irakien auteur du coup d'Etat du 14 juillet 1958. Le Roi irakien Faysal, le Prince Abdullah et le Premier Ministre Nuri Saïd ont été tués par les putschistes après ce coup d'Etat.

durèrent moins de deux ans. En fait, aucune des promesses n'avaient été tenues par le gouvernement Kassem. Il a appliqué l'article 2 de la constitution qui affirme que "L'Etat irakien fait partie intégrante de la Nation arabe". En revanche, l'article 3 (cité ci-dessus) et l'article 18 ne furent pas appliqués. Ce dernier considère que "(...) Les nationaux irakiens sont égaux, quand à la jouissance des droits civiques et politiques. Aucune distinction ne sera faite en ce qui concerne l'origine, la langue (...)". Les assassinats politiques contre les Kurdes reprirent, l'unique parti politique kurde légalisé, le PDK, fut banni. La presse kurde fut interdite, et des intellectuels kurdes arrêtés.

Début 1961, la politique du gouvernement a pris une tournant radical. Le quotidien gouvernemental "El Thawra", dans un article intitulé "La nationalité arabe et le problème des minorités", estima que le destin de la minorité kurde d'Irak était lié à celui de la Nation arabe et que "cette minorité devait être assimilée"[229]. Barzani fut donc obligé de retourner à nouveau dans sa région de Barzan avec ses partisans. Ils reprit la lutte armée contre le pouvoir central. Il adressa une déclaration au Premier Ministre pour dénoncer "la politique d'oppression menée contre le peuple kurde". Il entreprit aussi des démarches sur la scène internationale. Le 23 août 1961, l'Emir Kamuran Ali Bedir Khan déposa au secrétariat des Nations Unies, la lettre suivante concernant les revendications des Kurdes :

> « (...) Le peuple kurde qui combat aujourd'hui les armes à la main en Irak pour obtenir la reconnaissance de son droit à la vie et à la liberté, fait appel à toutes les Nations et à tous les gouvernements du monde pour qu'ils l'aident dans sa lutte contre l'oppression au nom de la conscience humaine, au nom des principes de liberté, au nom du droit qu'ont les peuples à disposer de leur sort. Le peuple kurde demande que les promesses qui lui ont été faites soient tenues. Il demande que ses justes et légitimes revendications soient prises en considération par le gouvernement irakien, seul moyen de mettre fin aux combats et d'arrêter l'effusion de sang (...). »[230]

---

[229] Cf. le quotidien *El Thawra*, (La Révolution), 17 février 1961.

[230] Cf. le quotidien *Le Monde*, 14 août et 26 septembre 1961.

Entre 1961 et 1975, c'est-à-dire sur une période de quatorze années, quatre régimes différents se succédèrent à Bagdad, après des coups d'Etat plus ou moins sanglants. Après chaque coup d'Etat, le nouveau régime au pouvoir prit contact avec les Kurdes qui acceptèrent un cessez-le-feu, ce qui permit aux nouveaux dirigeants de Bagdad de consolider leur pouvoir. Dès qu'ils se sentirent suffisamment forts, ils poursuivirent la même politique qui avaient été suivie par les précédents gouvernements. L'alternance guerre-paix recommença. En 1970, alors que le pouvoir se trouvait confronté à de nouvelles difficultés aussi bien sur le plan intérieur qu'extérieur, Barzani parvint à arracher une promesse d'autonomie qui sera très importante pour les années à venir.

Après dix ans de guerres entrecoupées d'armistices et d'accords non observés, les Kurdes d'Irak représentés par Moustafa Barzani signèrent un accord le 11 mars 1970 qui leur permit d'accéder à l'autonomie avec le gouvernement irakien dont Saddam Hussein était le vice-président. Cet accord reconnaît l'existence de la Nation kurde, crée une université et une académie scientifique kurdes, reconnaît les droits linguistiques et culturels de la Nation kurde, met en place la direction de l'administration générale pour la culture kurde, l'enseignement en langue kurde à tous les niveaux y compris dans les écoles militaires et de police, autorise les écrivains, les poètes, les scientifiques, etc... à publier leurs ouvrages en langue kurde. Cet accord permet la diffusion de programmes en langue kurde à la télévision de Kirkouk, le droit de célébrer les fêtes et les commémorations traditionnelles, il décentralise les administrations, la télévision locale. Une amnistie générale est proclamée pour tous ceux qui avaient commis des actions violentes dans le Nord de l'Irak. Cet accord a été conclu malgré le caractère pan-arabe du Parti Baas au pouvoir en Irak. Il reconnaissait donc l'existence d'une Nation kurde et prévoyait, après une période transitoire de quatre ans, la mise en place d'un "Kurdistan autonome" dont les frontières seront délimitées sur la base d'un recensement à effectuer après un an.

Cet accord dans lequel Saddam Hussein joua un rôle important s'explique par le contexte intérieur et extérieur.

Le contexte intérieur irakien permet en effet de comprendre cet accord. Les luttes pour le pouvoir continuaient dans le gouvernement. A la suite du coup d'Etat du 17 juillet 1968, le Général Hassan El Bakr, ancien Premier Ministre baasiste du Maréchal Aref (1963), devint Président de la République et s'attribua les pleins pouvoirs. Saddam Hussein, alors vice-président, fit exécuter plusieurs chefs militaires. Le gouvernement fut, dans ce contexte, fragilisé par les luttes internes.

Différents événements extérieurs ont aussi contribué à l'accord sur l'autonomie du "Kurdistan". Tout d'abord, la rivalité irano-irakienne prit un nouvel essor à la mi-janvier 1969. Le Chah d'Iran réaffirma les "droits historiques de l'Iran sur l'île de Bahreïn", alors même que les dirigeants de Bagdad défendaient son caractère arabe. Le 19 avril 1969 l'Iran dénonça le Traité de 1937 qui fixait la frontière irano-irakienne de la région de Chatt-el-Arab. Alors que l'Iran fournit aux Kurdes d'Irak des armes et de l'argent, et parfois des militaires, pour affaiblir le régime de Bagdad, en même temps le Chah demandait à Barzani d'imposer le calme aux Kurdes d'Iran. Le second facteur extérieur qui a poussé le gouvernement irakien à conclure un accord avec les Kurdes, était du aux pressions des Etats associés dans le consortium pétrolier international, la Petroleum Corporation[231] (IPC), sur le gouvernement irakien : les Kurdes qui bénéficiaient du soutien militaire de l'Iran avaient mis en difficulté l'armée irakienne et avaient menacé de faire exploser les installations pétrolières de l'Irak.

Au fil des semaines et des mois, l'octroi de l'autonomie par le parti Baas (la renaissance arabe) apparut comme une manœuvre tactique. Cette reconnaissance de l'autonomie fut contredite dans les faits. C'est ainsi que Bagdad ajourna le recensement prévu.

---

[231] Les revenus de l'IPC étaient partagés sur la base de 50/50, à cette époque le gouvernement britannique détenait 11,6% des actions, la France et les USA 23% et la Hollande 14,5%.

Des transferts de population furent effectués des deux côtés : les Arabes vers les villes kurdes pétrolifères, et les Kurdes vers le désert, dans des camps. Le 11 mars 1974, Bagdad promulgua unilatéralement le statut d'autonomie du Kurdistan irakien, en excluant la région pétrolière de Kirkouk et en limitant le pouvoir de la région kurde. Environ la moitié du territoire kurde fut ainsi exclue de la zone autonome. C'était une autonomie de façade car les institutions étaient totalement contrôlées par le Parti Baas et n'avaient aucun pouvoir de décision. Elles servaient à la mise en place de la politique kurde de l'Irak. Cette autonomie a pris fin après la guerre du Golfe. Plusieurs attentats furent commis contre Barzani. Les négociations engagées n'aboutirent pas.

C'est au cours de cette même période de remises en cause successive de l'accord portant sur l'autonomie du "Kurdistan", que plusieurs traités de coopération et d'amitié seront signés avec différents pays. L'Irak en conclut un le 9 avril 1972 avec l'URSS qui devint le plus gros vendeur d'armes pour l'Irak. C'est aussi durant cette même période que l'Irak chercha à résoudre son contentieux avec l'Iran qui soutenait les Kurdes d'Irak.

L'accord d'Alger est l'un des événements les plus marquant qu'aient connu les Kurdes d'Irak. L'accord d'Alger mit un terme à l'hostilité entre l'Iran et l'Irak. Le gouvernement algérien s'était posé comme interlocuteur entre les deux pays lors de la réunion des pays de l'OPEP (Organisation des Pays Exportateurs de Pétrole) le 6 mars 1975. Dans cette première moitié des années soixante-dix, les Kurdes d'Irak bénéficiaient des bonnes relations avec l'Iran qui leur offrait une ouverture sur le monde extérieur. La Turquie leur avait en effet complètement fermé ses frontières. En vertu de cet accord, le Chah d'Iran cessa d'un côté de soutenir les Kurdes d'Irak et le gouvernement d'Irak acceptait de l'autre les revendications de l'Iran sur Chatt-el-Arab.

Jusque là, le Chah d'Iran soutenait les Kurdes d'Irak dirigés par Moustafa Barzani. Le contentieux irano-irakien sur les eaux du Chatt-el-Arab d'une part, et la politique d'expansion dans le golfe d'autre part, avaient incité Téhéran à prendre fait et cause pour les Kurdes d'Irak. L'Iran était l'unique pays qui leur fournissait une aide concrète et facile. Certains spécialistes mettent aussi en évidence une autre stratégie développée par l'Iran dans son aide aux Kurdes d'Irak. Pour eux, l'Iran se servait de Barzani qui jouissait en tant que Kurde d'Irak d'une grande popularité chez les Kurdes d'Iran. Entretenir de bonnes relations avec lui devait permettre de calmer le mécontentement des Kurdes iraniens opposés au régime du Chah. Mais cette seule hypothèse est fragile, car cet accord de 1975 montre que l'Iran et l'Irak ne considéraient les Kurdes que comme un moyen d'exercer une pression les uns sur les autres. Prise dans ce jeu qui la dépassait, la résistance kurde, dépendait totalement à ce moment de l'aide de l'Iran. Elle s'effondra aussitôt. Les Kurdes d'Irak dirigés par Barzani furent obligés d'abandonner la lutte armée et de se réfugier en Iran.

Entre 1975 (défaite des Kurdes irakiens) et 1980 (début de la guerre Iran-Irak), des milliers de localités kurdes furent détruites, les forêts brûlées, la population déportée dans des "villages stratégiques" le long des routes, et les sympathisants des combattants kurdes emprisonnés ou tués. Cette anéantissement des combattants kurdes d'Irak s'est prolongé jusqu'en 1980, date à laquelle la guerre Iran-Irak a commencé. Les grandes institutions iraniennes étaient à cette époque très affaiblies par la révolution islamique de 1979. Le Président irakien Saddam Hussein, qui bénéficiait du soutien des pays occidentaux intéressés à affaiblir la République islamique d'Iran, voulut alors profiter de cette occasion pour récupérer la région de Chatt-el-Arab qui avait été perdue suite à l'accord d'Alger. La guerre Irak-Iran dura neuf ans.

Mais malgré tout, la guerre Iran-Irak ne fut pas sans apporter aux combattants kurdes un certain soulagement. La majeure partie de l'armée irakienne se battant au sud à la frontière iranienne, les peshmergas kurdes purent prendre progressivement au nord le contrôle d'une bonne partie de la région. Des villages et certaines villes passèrent ainsi aux mains des combattants kurdes. L'armée irakienne qui n'arrivait pas à juguler ce changement de situation, utilisa alors, pour riposter à l'offensive kurde, des gaz chimiques dès 1986, tout d'abord contre l'armée iranienne, puis contre la population civile kurde, faisant un grand nombre de victimes. La guerre changeait de cours. L'Iran développait des offensives en territoire irakien. Les Kurdes qui avaient alors délibérément choisi l'épreuve de force pour profiter de cette nouvelle configuration régionale, subirent des pertes considérables. Ce fut en 1988 qu'il y eut le plus grand nombre de victimes. Le 16 mars 1988, l'aviation irakienne bombarda la ville d'Halabja, qui comptait 70 000 habitants, et qui était passée sous le contrôle des combattants kurdes quelques jours auparavant. Ce gazage causa la mort immédiate de 5 000 civils selon des sources kurdes (3 400 à 4 000 selon certains organismes, dont le Conseil de l'Europe).

L'acceptation de cessez-le-feu par l'Iran, le 20 août 1988, suite à la résolution 598 des Nations Unies du 18 juillet 1988, conduisit encore une fois à des résultats dramatiques. Profitant de cette occasion, l'armée irakienne quitta sa position le long de la frontière iranienne, et redéploya ses forces, disposant de gaz chimiques, vers la région contrôlée par les combattants kurdes. En moins d'une semaine, les Kurdes subirent une grande défaite. De nombreux civils se réfugièrent en Iran et en Turquie, et les combattants kurdes dans les montagnes. L'armée irakienne prit le contrôle des régions kurdes, le long des 80 kilomètres de la frontière turco-irakienne. Tout fut rasé par des bulldozers sur une profondeur de 30 à 40 km. Les champs furent minés[232] et les sources d'eau bétonnées. Des villes et villages furent totalement rasés. Des villes importantes disparurent : Qalediza (70 000 habitants), Sengaser (42 000), Dokan (50 000), Chwarta (28 000), Khourmal (17 000), Penjwin (31 000), Sidekan (18 000), Tchoman (35 000). Cette politique de la terre brûlée

[232] Dans sa résolution B3-1744/92 du 17 décembre 1992, le Parlement Européen considère que le "Kurdistan irakien" est l'une des régions les plus minées au monde. Les autres pays sont l'Afghanistan, l'Angola, le Cambodge, le Mozambique, le Laos, la Somalie, la Bosnie-Herzégovine.
Sur le sujet voir le rapport de Middle East Watch édité par Handicap international "Les mines anti-personnelles au Kurdistan irakien (Hidden death). La guerre des lâches", juin 1993.

continua jusqu'à l'invasion du Koweït par l'armée irakienne.

Alors même que la guerre entre l'Iran et l'Irak était achevée, l'endettement de l'Etat irakien envers les pays occidentaux et les pays du Golfe ne lui permettait pas de répondre à ses besoins. La baisse des prix du pétrole lui apportait moins de liquidités, étouffé par ces difficultés, l'Irak décida d'envahir le Koweït, riche en pétrole, qu'il considérait depuis longtemps comme une province irakienne[233]. Cette attaque suscita aussitôt l'opposition des pays occidentaux.

Aussitôt le régime de Saddam Hussein fut isolé. Dans le même temps les télévisions et la presse occidentale montrèrent les "massacres" perpétrés par Saddam Hussein pendant la guerre Iran-Irak sur les populations civiles kurdes d'Irak. Cette médiatisation fut un début de soulagement pour les Kurdes. En décembre 1990, les dirigeants kurdes d'Irak se joignirent aux partis d'opposition irakiens interdits, tous favorables à l'autonomie des Kurdes, pour condamner le parti Baas.

A la suite de la guerre du Golfe, compte tenu de l'écrasement

---

[233] Le Koweït a une superficie de 17 818 km2. Sa population était estimée à 2 200 000 en 1990, dont 40% de Koweïtiens. Parmi les étrangers, on trouve notamment des Palestiniens, des Indiens, des Pakistanais... La famille al-Sabah, originaire d'Arabie centrale, a pris le contrôle de la région en 1756. L'émir de Koweït a signé un traité en 1899 avec les Britanniques. En 1913, un accord entre la Grande-Bretagne et les Ottomans reconnaît la tutelle britannique sur la "province" du Koweït. L'intervention des Britanniques empêchera en 1920 les troupes de Ibn Saoud de conquérir tout le pays. De nouvelles frontières, plus étroites, sont arrêtées en 1922 et une "zone neutre" instituée au Sud. La production de pétrole démarre en 1946. Les réserves du Koweït viennent au deuxième rang dans le monde après l'Arabie Saoudite. Dès que le Koweït accède à l'indépendance en 1961, l'Irak en revendique le territoire, en prétendant que sous l'Empire ottoman il dépendait de Bassorah. Le Koweït étant soutenu politiquement par la plupart des pays arabes et militairement par la Grande-Bretagne, l'Irak reconnut le nouvel Etat en 1973. Mais un problème de frontière mal déterminée subsiste. L'Irak qui n'avait qu'un accès très étroit sur le Golfe arabo-persique, réclama en location les îles de Warba et Bubyan. Bien que le Koweït l'ait soutenu dans la guerre qui l'opposa à l'Iran, l'Irak reprit ses revendications de 1961, envahit le pays en août 1990 et l'annexa aussitôt. En janvier-février 1991 le Koweït fut libéré par l'intervention d'une très large coalition.

d'une grande partie de l'armée irakienne, de l'isolement de l'Irak et de l'encouragement des Alliés, en particulier du Président américain George Bush, les Kurdes prirent d'assaut (28 février 1991) les bâtiments officiels irakiens dans les villes kurdes, y compris celles à majorité arabe qui étaient auparavant à majorité kurde (Kirkouk, Khanaqin...). Les Kurdes contrôlèrent de ce fait une grande partie des zones kurdes d'Irak en l'espace d'une vingtaine de jours.

Mais, la garde présidentielle de Saddam Hussein, qui constituait le pilier de l'armée irakienne, restait intacte. Saddam Hussein lança une attaque contre les villes kurdes avec ses hélicoptères violant l'interdiction décrétée par les Alliés.

A ce propos, le témoignage de Marc Kravetz, journaliste qui se trouvait sur place, nous confirme les faits :

> « (...) Il faudra se souvenir que lorsque Saddam a contre attaqué c'était à Kirkouk, il a utilisé des hélicoptères alors que les Américains pouvaient le voir, les Américains l'ont laissé faire, ça a duré pendant trois ou quatre jours comme ça, avant que se déclenche la grande opération..., donc les choses n'avaient pas tellement changé, en gros, à la fin de la guerre, quand les Américains ont décidé d'arrêter, donc le 28 février, la garde nationale de Saddam n'a absolument pas été touchée par les bombardements, ceux qui ont été touchés, sauvagement d'ailleurs, c'était l'armée du Sud, qui était essentiellement chiite..., qui aurait été un vrai danger pour Saddam, parce que c'est eux qui seraient rentrés dans leurs villages en disant que les officiers avaient déserté, qu'il n'y avait pas eu de batailles... D'une certaine manière, en les bombardant, les Américains on rendu service à Saddam et comme dans le même temps ils ont libéré pratiquement le passage de la garde républicaine..., la garde républicaine a d'abord assuré la sécurité de Bagdad et ensuite elle est montée sur Kirkouk. Les Américains et les Français voyaient tout ça, parce que c'était les positions les plus avancées. Il y avait la chaîne de télévision américaine NBC avec nous, qui connaissait très bien la région... Les images de Charly Grass, les articles que l'on a pu écrire ont probablement permis, pour une fois, aux gens et même aux

gouvernements, de prendre conscience un peu plus vite de problèmes dont on ne parle pas d'habitude... »[234]

Ayant déjà vécu des massacres et des gazages, la population civile kurde se réfugia dans les montagnes, vers l'Iran et la Turquie. Les journaux français avancent les chiffres de deux à quatre millions de civils qui quittèrent leurs maisons. Ce dramatique exode fut très médiatisé en Occident, surtout par les télévisions, provoquant une vive émotion et une réaction de l'opinion publique. Avec le parrainage de la France, le 5 avril 1991, le Conseil de sécurité des Nations Unis adopta la résolution 688, intitulée "droit d'ingérence humanitaire". Le texte de cette résolution fut adopté par 10 voix pour, 3 voix contre (Cuba, Le Yémen, Le Zimbabwe). La Chine et l'Inde s'abstiennent[235]. Il fut alors interdit à l'aviation irakienne de voler dans la zone située au Nord du 36ème parallèle[236]. Dès le 8 avril 1991, les réfugiés kurdes purent revenir progressivement dans cette zone protégée et contrôlée par l'ONU qui maintient des patrouilles aériennes à partir de la Turquie. L'administration fut laissée aux Kurdes.

Depuis avril 1991, une grande partie du nord de l'Irak échappe ainsi à l'autorité de Bagdad. Des institutions politiques, sociales et économiques sont mises en place. Les élections

---

[234] Entretien avec Marc Kravetz le 30 janvier 1995.

[235] En vertu de cette résolution, le Conseil de Sécurité des Nations Unies :

" - Condamne la répression des populations civiles irakiennes dans de nombreuses parties de l'Irak, y compris, très récemment, dans les zones de peuplement kurde, qui a pour conséquence de menacer la paix et la sécurité internationales dans la région.

- Exige que l'Irak, pour contribuer à éliminer la menace à la paix et à la sécurité internationales dans la région, mette fin sans délai à cette répression,...

- Prie le secrétaire général de poursuivre ses efforts humanitaires en Irak et de lui faire un rapport d'urgence,...

- Lance un appel à tous les Etats membres et à toutes les organisations humanitaires pour qu'ils participent à ces efforts d'assistance humanitaire,

- Décide de rester saisi de la question"

[236] Cette zone de protection est plus petite que celle qui avait été accordée en 1970. Elle ne comprend pas la région pétrolifère de Kirkouk.

législatives libres qui ont lieu pour la première fois le 17 mai 1992, dotent cette région d'un Parlement qui fonctionna durant un an environ. Si toutes les formations politiques kurdes étaient invitées à se présenter, ce fut les deux grands partis, le PDK et l'UPK, qui se partagèrent la quasi-totalité des sièges (cent précisément). Seuls, cinq sièges iront à des partis kurdes chrétiens. La composition du gouvernement kurde respecta ce rapport de force issu des urnes. Sur les quinze ministres, six seront membres de l'UPK, six autres du PDK, le ministère de la religion étant confié au Mouvement islamique du Kurdistan et le ministère des affaires sociales et de la santé à l'aile kurde du Parti Communiste Irakien.

Un accord secret fut conclu entre la Turquie et les Kurdes d'Irak. Ces derniers étaient prêts à lutter contre les combattants du PKK basés dans cette zone pour obtenir le soutien de la Turquie. La Turquie avait déjà eu des contacts avec les Kurdes d'Irak. Elle avait un bureau d'information dans la zone irakienne administrée par les Kurdes à Dohouk, et les deux principaux partis kurdes irakiens, le KDP de Barzani et l'UPK de Talabani avaient un bureau à Ankara et leurs deux leaders étaient officiellement reçus à Ankara.

Alors que ces deux partis kurdes entamèrent une offensive contre le PKK suite à l'accord conclu secrètement avec Ankara, le Parlement kurde proclama le 4 septembre 1992 un Etat « fédéré » sur la partie de cette région qu'il administrait. Les Kurdes d'Irak prirent pour cible les bases du PKK près de la frontière turque dans la région irakienne qu'ils contrôlaient. Les autorités turques ne firent aucun commentaire. Mais une fois les bases du PKK expulsées vers le sud, le Gouvernement turc se montra opposé à un tel Etat « fédéré ». Cependant les réactions de l'Iran, de la Syrie et en particulier de la Turquie ne tardèrent pas au sujet de "l'Etat fédéré du Kurdistan". Ils déclarèrent maintes fois être contre la désintégration de l'Irak. Les ministres des affaires étrangères de ces trois pays se réunissaient en effet régulièrement dans une des capitales de ces trois pays (à Ankara le 14 novembre 1992, à Damas le 10 février 1993), pour affirmer leur convergence de vue sur la protection de l'intégrité territoriale de l'Irak. Ils craignaient tous les répercussions que pourrait avoir cet "Etat fédéré" sur leurs propres populations kurdes. De leur côté, les pays occidentaux, y compris les Etats-Unis, ne le reconnaîtront pas, pas plus qu'ils ne le condamneront. Alors même que les pays occidentaux étaient ouvertement opposés à la désintégration de l'Irak, les leaders kurdes irakiens considéraient ce silence plutôt comme un point positif.

Malgré les querelles politiques internes, les institutions de cet "Etat fédéré" se mettaient progressivement en place. Des écoles enseignant en langue kurde étaient construites, des journaux et des télévisions étaient créés. Des timbres postaux valables à l'intérieur de la zone contrôlée par les Kurdes étaient par ailleurs émis. Mais les hostilités reprennent entre les deux principaux partis kurdes. Les Kurdes d'Irak n'ont pas pu ou pas su profiter de cette occasion pour réaliser leur rêve.

Les Kurdes en Syrie

Au cours de ces dernières années, beaucoup de Kurdes se sont installés dans des grandes villes syriennes pour des raisons économiques, sociales et politiques. Après la division de la région kurde par le traité de Lausanne en 1923, comme la Syrie se trouvait sous mandat français, les Kurdes de Syrie bénéficiaient d'une plus grande liberté que ceux des pays voisins. La Syrie était au cours de cette période un refuge pour les Kurdes de Turquie et d'Irak. La langue, les publications en kurde, les associations, la tradition et la culture kurdes étaient tolérées mais l'enseignement en langue kurde était interdit.

Un parti kurde, le PDKS (Parti Démocratique du Kurdistan de Syrie) fut créé en 1957, par un Kurde de Turquie, Nurettin Zaza, réfugié en Syrie. Les activités kurdes, parfois tolérées, furent alors surveillées plus strictement.

La politique kurde de la Syrie devint plus répressive, au moment de la création de la République Arabe Unie (Syrie, Libye, Egypte) en 1961. L'enseignement et les publications en langue kurde furent interdits, les Syriens invoquant subtilement la "fraternité musulmane". La Constitution syrienne affirmait que le peuple syrien est une partie de la Nation arabe par son histoire, son présent et son avenir.

En 1962, une nouvelle politique fut appliquée une fois les zones kurdes arabisées. Les Kurdes furent expulsés vers le Sud. On parla alors de "ceinture arabe".

« Le 23 août 1962, le gouvernement syrien promulgue un décret de loi (n°93) autorisant un recensement spécial de la population dans la province de Djazira. On prétend que les Kurdes "s'infiltrent illégalement" en Djazira à partir du Kurdistan turc pour "détruire son caractère arabe". Le recensement est mené en novembre de la même année; à la suite de ses résultats, quelques 120 000 Kurdes de Djazira sont décomptés comme "étrangers" et les droits attachés à la nationalité syrienne leur sont injustement retirés. »[237]

Aujourd'hui ce chiffre est beaucoup plus important en raison de la natalité, mais on ignore leur nombre. « Si le droit à la nationalité syrienne leur fut refusé, on leur demanda par contre de faire leur service militaire, le plus souvent à la frontière israélienne. Beaucoup se battront dans le Golan en 1967 »[238].

Michelle Mayer qui a interviewé un kurde de Syrie dit :

« Aujourd'hui il y a environ 300 000 Kurdes qui n'ont pas de cartes d'identité syrienne, on les appelle par un mot arabe qui signifie étranger, donc ces gens-là possèdent une justification d'identité. Mais ils ne sont pas considérés comme Syriens (...) Ils sont obligés de rester toute leur vie dans une même région de Syrie. Car voyager librement en Syrie leur est également interdit. Dans un esprit de politique socialiste, l'Etat syrien délivre un livret de famille à ceux qui possèdent la carte d'identité. Le livret donne le droit d'acheter des produits à des tarifs préférentiels. Les Kurdes dit 'étrangers'

---

[237]Cf. Mustafa Nazdar, Les Kurdes en Syrie, in Gérard Chaliand (dir.), *Les Kurdes et le Kurdistan*, *op. cit.*, p. 316.
[238] Cf. Gérard Chaliand, *Le malheur kurde*, *op. cit.*, p. 169.

doivent les acheter au marché noir pour un prix nettement plus élevé »[239].

L'arrivée du parti Baas au pouvoir (le 8 mars 1963) aggrava encore la situation des Kurdes. Toutes les activités kurdes sont déclarées plus strictement interdites. Aucune publication de documents et livres en kurde ne pouvait avoir lieu sous peine de poursuites lourdes. L'existence même des Kurdes fut mise en doute, et il fut interdit pour les enfants kurdes d'entrer dans les écoles d'instituteurs et de militaires en langue arabe, et les Kurdes n'avaient pas le droit de travailler dans la fonction publique, sauf pour quelques collaborateurs.

Une étude, publiée par le chef de police Mohamed Taleb Hilal (novembre 1963), essaya même de prouver "scientifiquement" que les Kurdes ne constituaient pas "une Nation", qu'ils ne possèdent "ni une civilisation, ni une langue", etc... Hilal proposa un plan en douze points pour anéantir le "danger" que représentaient les Kurdes de Syrie[240] :

1- Transférer et disperser la population kurde.

« L'Etat doit procéder aux opérations de transfert de la population, à condition de la disperser à l'intérieur. Il faut commencer par les éléments les plus dangereux et ainsi de suite, le plan pouvant s'étendre sur deux ou trois ans ».

2- Priver les Kurdes de toute instruction, même en langue arabe.

« Ne pas ouvrir des écoles ou des institutions scientifiques dans la région, qui ont manifestement donné des résultats opposés à ce qu'il en avait été escompté ».

3- Priver les Kurdes de toute possibilité d'emploi.

« Il faut fermer les portes du travail devant les Kurdes, de sorte qu'ils ne soient plus en position de se mouvoir mais dans un état où ils seraient prêts à quitter le pays à chaque instant.

---

[239] Michelle Mayer, *Le Kurdistan*, Strasbourg, Ed. Perspective, 1993, p. 75.

[240] Mohamed Taleb Hilal, *Etude sur la province de Djezira, du point de vue national, social et politique*, Damas, 1963. La traduction française est faite par Ismet C. Vanly, *Le Problème kurde en Syrie*, 1968, p. 27-29.

C'est la tâche des autorités de la réforme agraire : il faut interdire aux Kurdes de posséder ou de louer (des terres), d'autant plus que les éléments arabes sont disponibles et nombreux grâce à Dieu ».

4- Livrer au gouvernement turc les rescapés des soulèvements dans les zones kurdes de Turquie.

« La grande majorité des Kurdes de Djezira possèdent la nationalité turque. Il faut donc corriger les erreurs de nos registres civils, ce qui est en cours, mais il faut en plus expulser les éléments dont la nationalité (syrienne) n'a pas été prouvée et les livrer aux autorités de leurs pays d'origine. En plus, il ne faut maintenir la nationalité des éléments syriens que de façon raisonnable, après examen de la manière dont cette nationalité a été acquise, la nationalité syrienne devant être accordée uniquement par décret présidentiel. Le cas de ceux dont la nationalité syrienne a été acquise sans décret présidentiel devra être soumis à examen, de façon à ne maintenir dans leur nationalité que les éléments les moins dangereux, les autres devant être dépossédés de leur nationalité et livrés à leurs pays d'origine. Il y a également le cas de ceux qui possèdent deux ou trois nationalités : il faut qu'ils retournent à leur première nationalité. Ce qui importe c'est de tenir compte des résultats du recensement et de procéder ensuite immédiatement aux opérations d'expulsion ».

5- Dresser les Kurdes les uns contre les autres.

« Il faut frapper les kurdes les uns par les autres, ce qui serait facile en incitant les éléments qui prétendent descendre d'origine arabe contre les éléments dangereux. On aurait d'ailleurs là l'occasion de vérifier si ces prétendants sont vraiment d'origine arabe ».

6- Poursuivre la politique de la "ceinture arabe" déjà appliquée.

« Proclamer la ceinture septentrionale zone militaire, au même titre que le front, et y faire stationner des détachements de l'armée dont la tâche sera d'y implanter des Arabes et d'expulser les Kurdes, selon ce que l'Etat aura établi de plans ».

7- Implanter des Arabes "purs et nationalistes" dans les régions des Kurdes pour les surveiller avant leur dispersion.

« Implanter des éléments arabes nationalistes dans les régions kurdes, le long des frontières. Ces éléments seront notre citadelle de l'avenir et pourront en même temps surveiller les Kurdes, le temps qui sera nécessaire pour le transfert de ces derniers. A cet égard nous proposons de prendre ces éléments parmi les Chammar, car c'est la tribu la plus pauvre en terres, et elle est sans garanti sur le plan nationaliste ».

8- Faire contrôler les Kurdes par l'armée.

« Stationner des divisions militaires dans la zone de la ceinture" qui auront pour tâche de "veiller à la dispersion des Kurdes et à l'établissement des Arabes, selon les plans que l'Etat adoptera ».

9- Soutenir les Arabes qui sont installés dans la région kurde.

« Créer des "fermes collectives" pour les Arabes installés dans la région, à condition de les former et de les armer militairement (exactement comme pour les colons juifs dans les territoires occupés) ».

10- Imposer aux Kurdes d'apprendre la langue arabe.

« Interdire à quiconque ignorant la langue arabe, dans les dites régions kurdes, d'exercer ses droits civiques d'élection et d'éligibilité. »

11- Priver les Kurdes de leurs leaders, en l'occurrence des hommes religieux kurdes, qui contestent la politique du gouvernement.

« Transférer les hommes religieux kurdes au Sud et envoyer des religieux arabes purs à leur place. On peut aussi transférer les ulémas kurdes à l'intérieur, car leurs assemblées sont des assemblées littéralement kurdes et non à caractère religieux. Figurez-vous que quand ils nous envoient des télégrammes, ils ne le font pas contre Barzani, mais pour arrêter de verser le sang des musulmans ».

12- Faire semer la panique parmi les Kurdes par les Arabes qui vivent dans cette région.

« Déclencher une vaste campagne anti-kurde parmi les

Arabes, d'abord pour les conditionner contre les Kurdes, ensuite pour ébranler la situation de ces derniers et introduire l'instabilité et l'angoisse parmi eux ».

Cette politique d'arabisation fut appliquée par le parti Baas à la faveur d'une réforme agraire et d'une collectivisation de type socialiste visant à servir le nationalisme arabe[241]. Une centaine de villages modernes furent construits dans la région kurde afin d'y loger des Arabes, les publications en langue kurde, la musique kurde et les fêtes kurdes interdites, les noms des villes et villages kurdes changés. Cette politique répressive contraindra 30 000 Kurdes à se réfugier au Liban durant l'année 1970.

Après l'arrivée au pouvoir par un coup d'Etat en 1970 d'Hafiez al-Assad (qui deviendra Président de la République en 1971), la répression visant les Kurdes devint moins dure. En 1976, le Président Hafiez al-Assad renonça officiellement à mettre en œuvre les projets de transfert et décida de "laisser les choses en état". Les constructions de villages arabes dans la région kurde cessèrent. Mais la menace que représentaient d'une part Israël, et d'autre part la majorité sunnite arabe sur le régime en place (de minorité alevi) expliquaient aussi l'arrêt de la construction des villages arabes dans la région kurde. Dans les années 1980, la Syrie adopta deux décrets "interdisant l'usage du kurde sur les lieux de travail et lors des mariages et autres festivités". Mais ces décrets ne furent jamais appliqués[242]. L'application des lois concernant les Kurdes fut allégée après 1981, date à laquelle la Syrie commença a aider officieusement le parti kurde de Turquie, le PKK. Ce dernier s'entraîna longtemps dans la plaine de la Bekaa libanaise avec l'aide de la Syrie. Cette aide correspond également aux années de litige relatifs à l'eau avec la Turquie, après la construction de plusieurs

[241]Le socialisme n'est pas une fin en soi pour le Parti Baas mais un moyen au service du nationalisme arabe. Le socialisme se fait au nom de la Nation arabe et non le contraire (ce qui d'ailleurs exclut la lutte des classes). Le moteur du socialisme c'est la solidarité nationale arabe.

[242] Amnesty International, FIDH, CDF, *Droits de l'homme en Syrie*, Paris, 1993.

barrages sur le fleuve Euphrate.

Hafiez al-Assad qui est de confession alevi suit une politique moins dure à l'égard des minorités en Syrie afin d'obtenir un certain soutien de leur part face à ses opposants qui sont en majorité des Sunnites arabes. Les Alevis ne représentent en effet que seulement 12% de la population syrienne. Si les Kurdes peuvent parler librement, fêter *Newroz* le 21 mars[243], écouter de la musique kurde, ils ne peuvent cependant ni enseigner le kurde[244], ni avoir leur parti politique[245]. Mais il faut noter qu'en 1990 onze Kurdes membres de partis politiques arabes ont été élus comme députés, ce qui était sans précédent.

Les Kurdes du Caucase (ex-URSS)

Les zones de peuplement kurdes sont dans l'ex-URSS beaucoup plus disséminées. On trouve des colonies compactes de Kurdes dans la République de Transcaucasie et en Asie centrale. La grande majorité des Kurdes vivent en Arménie, en Azerbaïdjan, en Géorgie, au Kazakhstan, en Kirghizie et au Turkménistan. Cette dispersion s'explique par des raisons politiques et religieuses, les Kurdes ayant été expulsés d'un pays vers l'autre. D'autre part, les guerres russo-turques et le soulèvement des Kurdes contre les Empires ottoman et perse ont contraint les Kurdes à immigrer vers ces régions.

La proportion de Kurdes de religion Yezidi est importante, principalement en Arménie et en Géorgie. Les Yezidis, malgré leur nombre peu élevé, sont d'ardents défenseurs de l'identité kurde. Aujourd'hui, dans les journaux de langue kurde de

[243] Le 21 mars est également la fête des mères en Syrie, qui est un jour férié. Mais curieusement les ouvriers et les fonctionnaires de la région kurde n'ont pas droit à ce jour férié comme les ouvriers et fonctionnaires du reste du pays.

[244] Les autres minorités telles que les Arméniens, les Chaldéens et les Syriaques peuvent éduquer leurs enfants dans leurs propres écoles.

[245] Rappelons que les partis politiques kurdes des autres pays ont leurs bureaux en Syrie.

nombreux écrivains sont souvent de confession yezidi.

Les Kurdes de Transcaucasie (Arménie et Géorgie) sont mieux organisés que ceux des autres pays de la région. Ceci tient du fait qu'ils ont joui de plus de liberté, la langue kurde et les traditions étant autorisées depuis 1946, alors qu'entre 1937 et 1946 elles étaient interdites. Actuellement, dans une certaine mesure, les Kurdes d'Arménie et de Géorgie bénéficient de la reconnaissance de droits culturels.

Les intellectuels et les linguistes kurdes peuvent faire des recherches sur la culture kurde, mais doivent écrire en caractères cyrilliques. Depuis 1956, la radio d'Erevan (capitale de l'Arménie) diffuse des émissions quotidiennes en langue kurde.

Ce type de pratique vaut à l'Arménie d'être souvent accusée par la Turquie "d'apporter un soutien logistique et politique aux séparatistes kurdes". Le dernier conflit entre l'Arménie et l'Azerbaïdjan, depuis 1992, a obligé la population kurde à se déplacer vers d'autres pays d'Asie Centrale (Kazakhstan, Turkménistan), car les Kurdes habitent dans l'enclave située entre l'Arménie et le Haut-Karabagh, où s'est déroulée cette guerre. Par contre, dans les pays turcophones tels que l'Azerbaïdjan, le Kazakhstan, le Turkménistan, par exemple, tout ce qui concerne la culture kurde est interdit. Comme pour les autres minorités, certains mouvements nationalistes se développent chez les Kurdes depuis l'éclatement de l'URSS.

Ils revendiquent la création d'un Etat autonome kurde dans la région de Soran, située entre l'Arménie et l'Azebaïdjan. Des manifestations, des conférences, sont organisées surtout à Moscou. Le soutien politique de la Turquie aux Tchetchènes incite les Russes à soutenir les Kurdes et, ces derniers temps, le PKK.

Les Kurdes en Europe

800 000 Kurdes vivent en Europe, dont 75 000 en France. Ces chiffres approximatifs sont fournis par des associations

humanitaires françaises[246]. Les Kurdes sont arrivés en Europe dès les années soixante. La plupart sont venus de Turquie comme travailleurs immigrés. La majorité d'entre eux vivent en Allemagne, où on les estime à plus de 500 000 sur une population totale de 1 600 000 ressortissants turcs. Ils sont pour une écrasante majorité d'entre eux d'origine rurale, n'ont pas fait d'études, et exercent par conséquent un travail non qualifié. Leurs enfants (deuxième génération) ont poursuivi par contre des études. Ainsi, selon une estimation réalisée auprès d'étudiants kurdes à l'université de Bochum (en Allemagne), plus de 60% des étudiants turcs de cette université sont d'origine kurde. Une deuxième vague d'immigration vers l'Europe a eu lieu après le coup d'état de 1980 en Turquie. Ces nouveaux venus, généralement jeunes, souvent étudiants et politisés demanderont l'asile politique.

Ils sont organisés au sein d'associations culturelles ou politiques. Leurs initiatives peuvent être massives : elles ont réuni par exemple, selon les organisateurs, environ 60 000 personnes à Bochum en 1992, 100 000 à Francfort en 1993 et 100 000 à Hanovre en 1994, à l'occasion de la fête kurde de *Newroz*, ce qui n'était pas habituel. Les estimations données par la police sont de moitié.

Les publications de livres et revues en kurde et dans la langue du pays d'accueil sont nombreuses et variées en Europe. Il en est de même pour les cassettes, les disques et les vidéos en kurde. Dernièrement la seule chaîne de télévision diffusant des émissions en langue kurde par satellite a été créée en Belgique, ce qui montre l'importance des pays européens dans le développement de la culture kurde.

---

[246] Brochure publiée par Agir Ensemble, France-Libertés, Terre des Hommes France, Cimade, Maison du Monde, Peuples Solidaires, Fédération Internationale des Ligues des Droits de l'Homme, et Comité national solidarité aux Kurdes, Janvier 1994, Campagne n°21. Ces chiffres sont difficiles à établir du fait qu'il n'existe pas un moyen de distinguer statistiquement un Kurde (qui n'a pas de passeport kurde) d'un Turc par exemple.

Conclusion

On a vu que les Etats turc, irakien, iranien, syrien ont chacun entrepris d'imposer une langue nationale, un système d'éducation nationale, un service militaire national. Comme l'a remarqué Yves Deloye : "étatisation et nationalisation de l'espace et des esprits vont de paire"[247]. Cependant nous considérons qu'il y a eu échec du projet national turc, irakien, iranien, syrien dans la tentative d'empêcher l'émergence d'un autre nationalisme concurrent. Ces Etats ne sont pas parvenus à empêcher l'émergence d'un nationalisme kurde. Par exemple, l'intégration de Turcs d'origine kurde dans l'appareil d'Etat n'a pas permis de réactiver au profit de l'Etat turc un sentiment, de "loyauté civique", pour parler comme Yves Deloye[248]. Cependant, les bases sur lesquelles reposent ce nationalisme ne sont pas des plus évidentes pour sa diffusion. Le nationalisme kurde fait en effet face à quatre Etats et se développe donc dans quatre systèmes politiques différents. Dans ces conditions les mouvements nationalistes ne peuvent que difficilement développer une stratégie à l'échelle régionale[249]. Mais à la différence de la construction de l'Etat-Nation français, le nationalisme kurde cherche à rassembler des gens partageant une même culture, une même langue, un même mode de vie. Si l'imaginaire national français a pu regrouper Bretons et Occitans, l'imaginaire kurde s'appuie quant à lui sur une appartenance ethnique qui génère des revendications identitaires fortes au-delà des divisions tribales et de l'existence de plusieurs

---

[247] Cf. Yves Deloye, *Etat, Nation et identité nationale.., op. cit.*, p. 155.
[248] *Ibid*, p. 156.
[249] Trait souligné par Hamit Bozarslan, "Quelques remarques sur l'évolution du problème kurde entre les deux guerres", *Matériaux pour l'histoire de notre temps*, n°35, juillet-septembre 1994, p. 5.

dialectes. Sur ce point, la conceptualisation de B. Anderson nous paraît donner une trop grande importance à l'imaginaire au détriment de la réalité objective ethnique. La manière — aussi séduisante soit-elle — par laquelle il rend compte de la naissance d'une communauté imaginée qui s'élabore grâce à l'imprimerie et aux communications de masse et qui permet l'instauration d'un lien abstrait entre les hommes néglige en effet les spécificités que partagent certaines populations[250]. Le développement de l'imprimerie turque n'a pas permis aux Kurdes de s'imaginer membre de la communauté qui se dessinait car les journaux étaient écrits dans une langue qui leur était étrangère. C'est justement parce qu'ils se sont trouvé confinés dans leur particularisme ethnique qu'ils ont pu continuer à "imaginer" une communauté kurde. A notre avis, il ne s'agit pas tant de vouloir restreindre la Nation à une construction dépendant exclusivement d'une base ethnique : la réalité objective (ethnique) et subjective (imaginée) sont deux dimensions du nationalisme kurde qu'il faut prendre avec la même importance.

On doit alors se demander d'où vient ce nationalisme kurde. A notre avis, il repose à la fois sur les traits caractéristiques que nous avions distingués en introduction, à savoir la spécificité ethnique des Kurdes et la construction par certains acteurs kurdes d'un imaginaire kurde. En prenant en compte cette double dimension, nous nous opposons à Hamit Bozarslan pour qui seul le deuxième aspect est déterminant dans l'émergence du nationalisme kurde. En effet, pour lui, "(...) le terme kurde recouvre des réalités difficilement compatibles avec la

---

[250] Dominique Schnapper quant à elle reproche à B. Anderson, après avoir défini cette communauté imaginée comme *politique*, de négliger ensuite la dimension politique. Remarquant que le rôle de l'Etat n'est même pas mentionné par cet auteur, elle s'interroge sur le lien qu'il existe entre l'esprit de communauté qui cimente une Nation et le pouvoir politique qui l'exprime et le renforce.
Cf. Schnapper Dominique, *La communauté des citoyens. Sur l'idée moderne de Nation*, Paris, Gallimard, 1994, p. 176.

construction d'une Nation, telles que les tribus et les confréries"[251]. Dans un autre article H. Bozarslan insiste sur le fait que les Kurdes se composent de plusieurs groupes linguistiques, voire religieux notamment en Iran et en Turquie. Il conclut ici à la difficulté d'une unité militaire ou politique[252]. Si sa conclusion nous paraît juste, son constat de la diversité ethnique comme entrave au nationalisme kurde doit en revanche être minoré justement parce que le nationalisme doit être compris à notre avis comme reposant sur une spécificité ethnique et sur un travail de mobilisation de représentations symboliques.

Par ailleurs, nous ne pensons pas que la diversité linguistique (les dialectes) constitue un facteur qui affaiblit directement les revendications de la communauté. Pour insister quant à nous sur l'importance des liens sociaux spécifiques aux Kurdes comme correspondant à une face du nationalisme, nous reprendrons la définition de la Nation donnée par Jacques Langlois : "La Nation est donc en même temps, une idée, un mythe et une réalité. La guerre de 1914-1918 a bien montré que le nationalisme était plus fort que l'internationalisme ouvrier. La réalité de la Nation réside dans l'existence d'un groupe social particulier, d'un être collectif réel, mû par un même sentiment de participation à une identité collective, malgré les différences d'ethnie, de religion, de valeurs et même de langue"[253]. Ces deux mêmes dimensions propres au nationalisme ont également été distinguées par Jean Leca, lorsqu'il fait référence à "l'opposition-complémentarité entre, d'une part, le 'déterminisme national' [*Macartney*] qui assigne aux individus une place en fonction de leur appartenance ethnique quelque soit leur individualité, faisant ainsi de la Nation une société organique contraignant ses

---

[251] Cf. Bozarslan H, *Un nationalisme kurde ?*, in Elizabeth Picard (dir.), *La question kurde, op. cit.*, p. 100.

[252] Cf. Bozarslan H, "Quelques remarques sur l'évolution...", *art. cit.*, p. 5.

[253] Cf. Jacques Langlois, *Qu'est-ce que le pouvoir politique ? Essai de problématique*, Paris, Editions Anthropos, 1982, p. 144.

membres à la solidarité et au conformisme, et, d'autre part, 'l'autodétermination', processus démocratique qui forme un groupe et légitime un gouvernement sur la base des volontés individuelles"[254].

Nous avons donc vu que l'Empire ottoman était à la fois un empire religieux et politique et qu'il rassemblait différents peuples en son sein qui ignoraient le nationalisme. Nous avons vu également que le mouvement nationaliste Jeunes Turcs s'était développé dans l'Empire à partir de 1908 et avait ouvert la voie à la diffusion la plus large d'un nationalisme turc. Face à cette montée en force du nationalisme turc, des intellectuels kurdes basés à Istanbul reproduiront cette formule nationaliste en créant des associations. Par exemple, en 1908, la famille kurde Bedir Khan diffusa un journal nommé *Hetavi Kurd* (Le soleil kurde). Des étudiants kurdes créeront une association appelée *Hêwo Ya Kurd* (L'espoir kurde). La particularité qui caractérisait ces premiers "militants" du nationalisme kurde résidait dans le fait que ces intellectuels avaient, comme le fera remarquer l'émir Kamuran Bedir Khan, "un pied dans le camp kurde et l'autre dans le clan ottoman et islamique"[255]. En effet certains d'entre eux militaient dans les rangs de l'Union et Progrès. Ils participèrent également au congrès jeune-turc de Paris de 1907. Quand l'Empire ottoman s'est scindé et a donné naissance à des Etats-Nations, les Kurdes ne sont pas parvenus à édifier un Etat. La société kurde se trouva alors menacée de déstructuration. Les deux dimensions du nationalisme distinguées sont donc bien présentes dans le cas kurde. D'une part, alors que l'Empire ottoman s'était disloqué, le nationalisme continua avec encore plus de force à être mis en forme par des groupes d'intellectuels minoritaires. D'autre part, l'organisation tribale dut subir le processus de construction des nouveaux Etats dans la région. Mais le sous-développement des régions kurdes contribua à

[254] Cf. Jean Leca, *De quoi parle t-on ?* in Collectif, Nations et Nationalismes, *op. cit.*, p. 22-23.
[255] Cité par Chris Kutschera, *Le défi kurde ..*, *op. cit.*, p. 17.

nourrir une contestation nationaliste. Le nationalisme se diffusa alors largement et fut progressivement porté par toute une communauté ethnique qui aspira à la reconnaissance dans le concert des Etats-Nations.

Forgé par des intellectuels et repris par une population, nous avons vu que le nationalisme doit être compris jusqu'à nos jours comme étant composé d'un fonds de références communes construit à partir de l'histoire des révoltes du XIXe siècle ou encore des principes présents dans le traité de Sèvres de 1920.

Mouvement intellectuel à l'origine, le nationalisme kurde est devenu un mouvement social et politique. Des leaders nationalistes se sont imposés sur la scène politique. La revendication kurde prit une forme violente. Mais si ces nouveaux leaders peuvent être considérés comme les successeurs des leaders des révoltes du XIXe siècle, un fait nouveau ne doit pas être négligé. Il tient en l'apparition des partis politiques modernes produits de l'établissement d'un système politique différencié dans les Etats dans lesquels vivent les Kurdes. Les leaders kurdes peuvent dès lors cumuler le prestige hérité des affrontements guerriers et celui de dirigeants d'organisations politiques modernes. Dans l'histoire récente, beaucoup de dirigeants de partis politiques ont en effet été les artisans d'une guerre de libération nationale : en Afrique du Sud avec Mandela et l'*African National Congress*. Mais alors que la reconnaissance du leader correspond à des cas où l'édification nationale est achevée, le nationalisme kurde est un nationalisme qui ne repose pas sur un Etat kurde constitué, contrairement par exemple au nationalisme turc, iranien, syrien ou irakien contre lesquels il lutte.

Alors comment les Kurdes peuvent-ils résister ? C'est parce que la souffrance en commun unit plus que la joie. En tant que souvenirs nationaux, les deuils valent mieux que les triomphes car ils imposent des devoirs, ils commandent l'effort collectif.

ANNEXE 1 : Turgut ÖZAL

Avant d'être Président de la République en 1991, Turgut Özal a été Premier Ministre pendant huit ans. C'est le premier leader turc à avoir reconnu l'existence du peuple kurde. Il a déclaré plusieurs fois être pour le dialogue à propos du problème kurde : "je suis prêt à discuter de tout, y compris de fédération", il a été très sévèrement critiqué par tous les partis politiques, y compris le sien, en raison des déclarations qu'il a faites sur la question kurde. Pour certains, ceci expliquerait la tentative d'assassinat dans laquelle il a été blessé par balle en 1988 par un militant du Parti d'extrême droite de Türkes. Il est décédé le 20 mai 1993, officiellement d'une crise cardiaque. Mais différentes sources estiment qu'il aurait été empoisonné pour sa prise de position sur la question kurde. Cette hypothèse a été évoquée par la presse et quelques chaînes de télévision turques. Son fils Ahmet a déclaré à plusieurs reprises que son père était "un martyre sacrifié au nom de l'unité de la Nation". Son frère Yusuf à affirmé que le président se disait "menacé" que "les circonstances de sa mort soudaine doivent absolument être élucidées pour établir si elle était naturelle ou non". Le 17 avril 1996, Musa Öztürk, chef de la protection rapprochée durant dix ans de Turgut Özal, a participé à cette polémique dans l'un des plus grands journaux turcs *Hürriyet*. A la une du journal, on a pu lire, " la mort de Monsieur Özal n'est pas un décès naturel, il a probablement été empoisonné avec du cyanure par des personnes qui étaient intéressées à se frayer un chemin pour leur carrière...". De plus plusieurs commentateurs parlent d'un possible empoisonnement au cyanure; mais le directeur de l'hôpital militaire où il est décédé, le général Ömer Sarlak, affirme que "son visage et son corps ne portaient pas les signes d'un empoisonnement". Le quotidien *Milliyet* a consacré le premier novembre 1996 l'essentiel de sa première page à la mort de T. Özal. Sur huit colonnes, on pouvait lire le titre "Le pari choquant: ils ont tué Özal". Le même journal, titrait le lendemain "Discussion sur Özal: la cassette que *Milliyet* a trouvé a bouleversé

Ankara. Le doute sur la mort d'Özal persiste". Depuis plusieurs émissions et articles ont été consacrés à la mort d'Özal. D'autres morts mystérieuses accréditeraient une telle hypothèse, telle que celle du chef d'Etat-Major de la gendarmerie, le général Esref Bitlis tué dans un accident d'avion. Le Ministre de la justice Sevket Kazan a déclaré en septembre 1996 que l'actuel gouvernement n'était pas convaincu des explications fournies jusque là sur cet accident. Ceci nécessiterait selon lui l'ouverture d'une enquête. L'assassinat de deux colonels hauts responsables dans l'armée a donné lieu dans la presse turque à des controverses du même type. L'assassinat du premier, le commandant de la garnison de Lice, le colonel Bahtiyar Aydin qui a eu lieu le 22 octobre 1993, a d'abord été attribué au PKK. Le Président de la République Suleyman Demirel affirmera ensuite que "le général avait été tué par une balle accidentelle". Le second assassinat a été celui du colonel Ridvan Özden, le 12 septembre 1995, commandant de la garnison de Mardin. Il a d'abord été attribué au PKK, mais sa femme a déclaré "mon mari a été tué par les militaires sous ses ordres parce qu'il était pour la paix", et elle a ajouté "ce n'est ni en tuant ni en mourant (pour la patrie) qu'on résoudra la question kurde... l'Etat sacrifie sans remords ses soldats et les utilise comme un mur de chair". Invitée a une fête pour la paix, elle fera l'événement en se montrant main dans la main avec la sœur d'un combattant du PKK mort au combat. Un mois plus tard elle sera élue membre du comité central du Parti Républicain du peuple (CHP). Ces déclarations ont fait la une des journaux turcs pendant plusieurs semaines. Le ministre de la défense lui a signalé que ses prises de position étaient passibles du tribunal du sûreté de l'Etat. Elle fut alors obligée de démissionner.

ANNEXE 2 : Le PKK

Le PKK Partiya Karkerên Kurdistan (Parti des Travailleurs du Kurdistan) a été créé clandestinement le 27 novembre 1978 à Diyarbakir par Abdullah Öcalan et une dizaine d'étudiants turcs et kurdes. Dans son premier programme rédigé par son président, il propose la création d'une alliance constituée par les paysans, les ouvriers et les autres classes. Il se propose de contribuer à organiser les mouvements des ouvriers, des paysans, des commerçants, des jeunes, des femmes. Il combat l'impérialisme et lutte contre les Aghas kurdes. Il lutte contre les organisations kurdes qui sont prêtes à négocier avec l'Etat turc pour l'autonomie ou la fédération. La lutte armée est considérée comme le principal moyen pour combattre l'Etat turc. Certains prétendent que le PKK n'a pas, à ses débuts, dirigé sa lutte armée contre l'Etat turc mais plutôt contre des Aghas kurdes. En juin 1979, le député d'Urfa, Jalal Bucak, le chef de la tribu de Bucak, a échappé à un premier attentat. Des affrontements armés l'ont ensuite opposé aux autres partis politiques kurdes. Dans une brochure qui annonçait sa création, le PKK prône la "violence révolutionnaire". "L'un des devoirs ou buts du PKK est de détruire les idéologies fascistes chauvines qui incitent ou provoquent notre peuple pour endommager leur Nation. Le PKK considère qu'il est de son devoir révolutionnaire, de convaincre par la discussion la population, qu'il est indispensable d'utiliser la violence contre la police et les agents provocateurs". En 1979, peu avant le coup d'état du 12 Septembre 1980, le dirigeant du PKK s'est réfugié en Syrie puis au Liban, où il a noué des contacts avec certaines organisations palestiniennes. Il y a disposé des bases d'entraînement pour former les militants jusqu'en 1992. Selon Öcalan, le parti comptait en avril 1993, 10 000 combattants. En 1996, il en revendiquait environ 15 000. Selon les sources du PKK données en 1994, entre 15 et 20 000 combattants (dont environ 20% sont des femmes) seraient basés dans les régions kurdes de Turquie, d'Iran et d'Irak. Il disposerait de 35 000 militants en Turquie, et de 375 000 sympathisants actifs. Par ses attaques très diversifiées (manifestations, combats meurtriers, intifada 'Serihildan'...). Le PKK a su se maintenir constamment à l'ordre du jour depuis 1984. Il rassemble des combattants provenant de différents pays de la région. C'est pourquoi les langues kurde, turque, arabe et persane sont utilisées dans ses rangs. Ses ressources financières sont des "cotisations" ou des "dons" selon le PKK, "impôt révolutionnaire" ou "racket" selon d'autres.

On peut également mentionner la création d'organes spéciaux du PKK : le Front de libération du Kurdistan (HRK - Hezan Rizgariye Kurdistan) qui a été créé en 1984. Il a été remplacé en 1985 par le Front national du Kurdistan (ERNK - Eniya Rizgariya Netevayi Kurdistan). Ce dernier est organisé aussi bien en Turquie que dans le Nord de l'Irak, en Syrie et dans les pays occidentaux, y compris aux Etats-Unis et en Russie, sous le nom de différentes associations (de jeunes, de femmes, d'artisans, de commerçants). L'armée populaire de sauvegarde du Kurdistan (ARGK - Artésé Rizgariya Gele Kurdistan), fondé en 1986. Il existe actuellement une dizaine de camps du PKK dans le nord de l'Irak, et une vingtaine en Turquie. Les journaux turcs évoquent l'existence de camps du PKK en Iran, ce qui est nié à la fois par l'Iran et par le PKK.

Les Kurdes étant en majorité musulmans, il est indispensable pour les convaincre de mobiliser certains principes religieux. Le rapprochement du PKK avec l'Iran illustre aussi ces rapprochements avec la religion. C'est à partir de 1989 qu'on a pu constater dans certains tracts du PKK le mot "Dieu" et qu'il était écrit à la fin du texte "Amen". Le PKK organise également des voyages pour le pèlerinage de La Mecque et ouvre des mosquées dans des villes d'Europe. En 1990, il a été à l'origine de la fondation de l'Union des croyants du Kurdistan (Kurdistan Dindarlar Birligi). Aujourd'hui, le PKK fait des efforts pour effacer son image marxiste-léniniste. Il a renoncé au symbole de la faucille et du marteau dans son drapeau, et a remplacé l'institution du "secrétaire général" par celle de "président" en 1995. Ce changement d'image cherche, pour différentes raisons, à attirer les croyants dans ses rangs. Chaque année, un festival est organisé par le PKK en Allemagne, au mois de septembre permet à plus de 100 000 Kurdes exilés en Europe de l'Ouest de se retrouver en l'espace d'une journée, bien que le PKK soit interdit en Allemagne. Il est également à l'origine de la création, le 15 avril 1995, de la première chaîne de télévision kurde, MED TV, diffusée d'Angleterre par satellite. Il est aussi l'instigateur de l'instauration du premier Parlement kurde en exil, à La Haye (Pays-Bas), en 1995. Sur la guerre qui ravage le Kurdistan de Turquie le PKK a pris deux fois l'initiative de cessez-le-feu unilatéraux (15 décembre 1995, 15 août 1996). Le leader du PKK, Abdullah Öcalan, qui dirigeait le parti depuis la Syrie, depuis 1979, s'est réfugié en Italie, via la Russie, en novembre 1998.

ANNEXES 4 : Cartes du Kurdistan

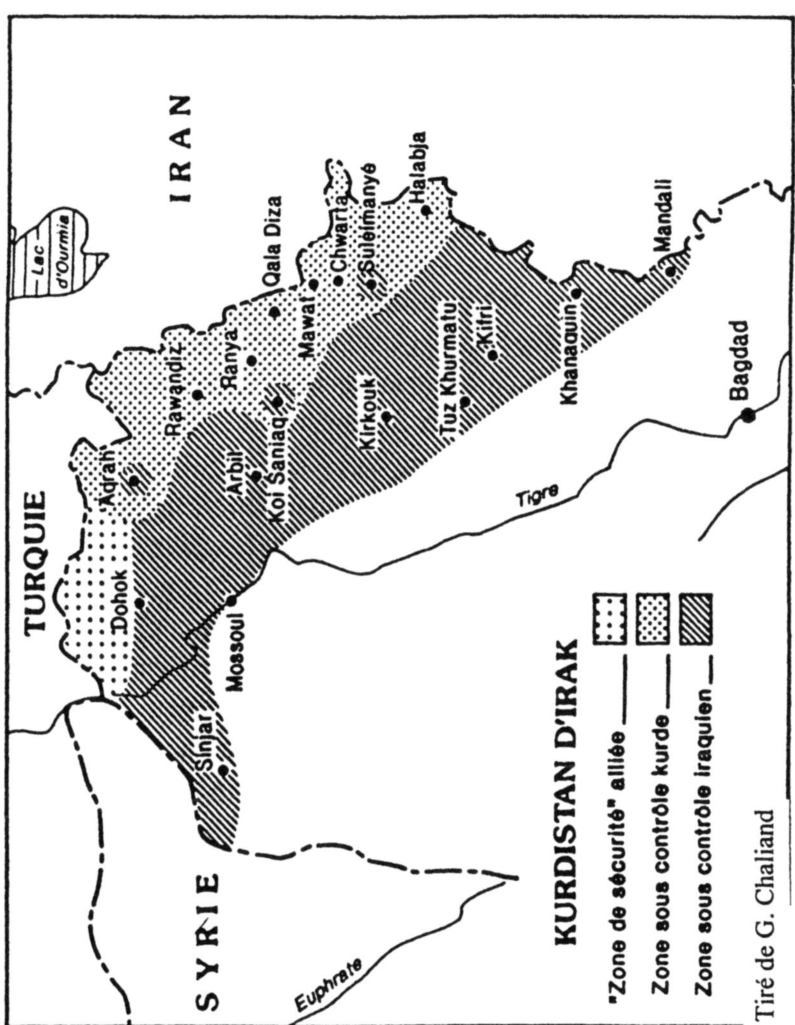

Tiré de G. Chaliand

L'assiette territoriale offerte par Bagdad recouvre la zone sous contrôle kurde, plus Arbil, et la zone de sécurité alliée. Le Kurdistan autonome réclamé par les mouvements kurdes inclut l'ensemble des régions hachurées.

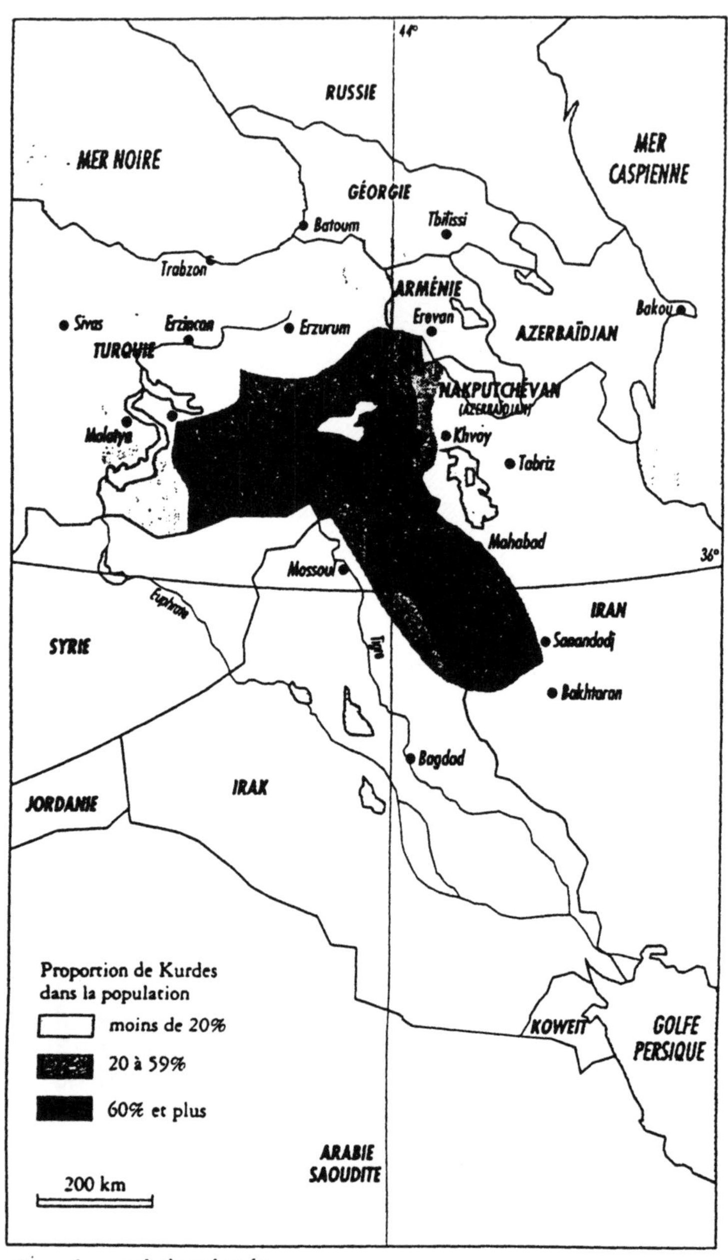

Zone de populations kurdes

Tiré de D. Mc Dowell

ANNEXE 4:

Engagements Internationaux de l'Irak, de l'Iran, et de la Turquie.

	IRAK	IRAN	TURQUIE
Convention relative à l'esclavage (25/09/1926)	Signée, Ratifiée	signée	Signée, Ratifiée
Déclaration universelle des droits de l'homme (1948)	Signée, Ratifiée	Signée, Ratifiée	Signée, Ratifi ée
Convention internationale sur l'élimination et la répression du crime de génocide (9/12/1948)	Signée, Ratifiée	Signée, Ratifiée	Signée, Ratifiée
Convention de Genève (12/08/1949)	Signée, Ratifiée	Signée, Ratifiée	Signée, Ratifiée
Convention pour la répression de la traite des êtres humains et de l'exploitation de la prostitution d'autrui (2/12/1949)	Signée, Ratifiée	Signée, Ratifiée	
Convention relative au statut des réfugiés (28/07/1951))		Signée, Ratifiée	Signée, Ratifiée
Convention sur les droits politiques de la femme (20/12/1952)			Signée, Ratifiée
Protocole amendant la Convention relative à l'esclavage (23/10/1953)	Signé, Ratifié		Signé, Ratifié
Convention supplémentaire relative à l'abolition de l'esclavage, de la traite des esclaves et des institutions et pratiques analogues à l'esclavage (7/09/1956)	Signée, Ratifiée	Signée, Ratifiée	Signée, Ratifiée
Convention internationale sur l'élimination de toutes les formes de discrimination raciale (21/12/1965)	Signée, Ratifiée	Signée, Ratifiée	Signée, Ratifiée
Pacte international relatif aux droits économiques, sociaux et culturels (16/12/1966)	Signé, Ratifié	Signé, Ratifié	
Pacte international relatif aux droits civils et politiques (16/12/1966)	Signé, Ratifié	Signé, Ratifié	
Convention internationale sur l'élimination de la répression du crime d'apartheid (30/11/1973)	Signée, Ratifiée	Signée, Ratifiée	
Convention sur l'élimination de toutes les formes de discrimination à l'égard des femmes (18/12/1979)	Signée, Ratifiée		Signée, Ratifiée
Convention contre la torture et d'autres peines ou traitements cruels, inhumains ou dégradants (10/12/1984)			Signée, Ratifiée
Convention relative aux droits de l'enfant (20/11/1989)	Signée	Signée, Ratifiée	Signée

Source: La lettre hebdomadaire de la FIDL no : 194 janvier 1995, p 131.

Il convient de rappeler que la Turquie est également partie à la Convention Européenne de sauvegarde des droits de l'homme et des libertés fondamentales (mais ses articles 5 et 6 font l'objet de réserves) et à la Convention Européenne pour la prévention de la torture. Elle a signé mais pas ratifié le protocole numéro 6 à la Convention Européenne relatif à l'abolition de la peine de mort Elle a également reconnu la compétence du comité contre la torture (articles 21 et 22 de 1984).

BIBLIOGRAPHIE SELECTIVE

Ouvrages en turc

Aksoy Bilal, *Tarihsel Degisim Sürecinde Tunceli,* (Tunceli dans les changements successifs de l'Histoire), Ankara, Yorum yay, 1985.

Anter Musa, *Hatiralarim I*, (Mémoires I), Istanbul, Doz, 1990.

Anter Musa, *Hatiralarim II,* (Mémoires II),Istanbul, Yön, 1992.

Aytar Osman, *Hamidiye Alaylarindan, Köy Koruyuculuguna* (Des régiments Hamidiye aux protecteurs de Village), Istanbul, Medya Günesi, agustos 1992.

Aytar O., "*Kürdün "Makûs Talih" i "Güneydogu Anadolu Projesi"* (La malchance des Kurdes et le projet d'Anatolie du Sud-Est), , 1991.

Besikçi Ismail, *Dogu Anadolu'nun Düzeni,* (L'ordre de l'Anatolie de l'Est), Istanbul 1969.

Besikçi Ismail, *Ortadoguda Devlet Terörü,* (La terreur d'Etat au Moyen-Orient), Istanbul, Yurt yayinlari, 1991.

Bilgin M.Siraç, *Barzani,* Istanbul, Firat Yayinlari, ocak 1992.

Bruinessen Martin van, *Aga, Seyh ve Devlet* (Agha, Cheikh et Etat), Ankara, (traduit de l'anglais par Remziye Arslan) Özge, 1991.

Eagleton William, La République kurde de Mahabad de 1946, Bruxelles, Complexe, 1991.

Göktas Hidir, *Kürtler : Isyan - Tenkil,* Istanbul, Alan yay., 1991.

Göktas Hidir, *Kürtler-II, Mahabad'dan 12 Eylül'e,* Alan yay. 1991.

Imset G. Ismet, *PKK, Ayrilikçi siddetin 20 yili (1973-1992,* (Le PKK, vingt ans de violence et de séparatisme (1973-1992)), Ankara, Türkish Daily News yayinlari, ikinci baski, 1993.

Laizer Sheri, *Ates Altindaki Kürdistan,* (Le Kurdistan sous les flammes), Istanbul Koral yayinlari, 1992.

Ministère de l'éducation, *Din Dersleri,* (Leçons religieuses), livre scolaire pour la quatrième année d'école primaire, Ankara, Milli Egitim Basimevi, 1949.

Sasuni Garo, *Kürt ulusal haraketleri ve 15 yüz yildan gününüize Ermeni Kürt iliskileri,* Istanbul, Med Yayinlari 1992.

Sapolyo Enver Behnam, *Ziya Gökalp Ittiadi ve Mesrutiyet Tarihi* (Ziya Gökalp et l'histoire de la Monarchie), Istanbul, 1974.

Ouvrages en français

Aktar O. Cengiz, *L'Occidentialisation de la Turquie,* Paris, l'Harmattan, 1985.

Anderson Benedict, *L'imaginaire national. Réflexions sur l'origine et l'essor du nationalisme*, Paris, La Découverte, 1996.

Bozarslan Hamit (sous la direction), *Les Kurdes et les Etats,* Paris, Peuples Méditerranéens, 1994, N° 68-69.

Bozarslan Hamit, *La question Kurde. Etats et minorités au Moyen-Orient*, Paris, Presses de Sciences Po, 1997.

Chaliand Gérard, *Le malheur kurde,* Editions Seuil, février 1992.

Chaliand Gérard (sous la direction), *Les Kurdes et le Kurdistan,* Paris, Editions Maspero, 1981.

Cherif Khan, Prince de Bitlis, *Cheref-Nâmeh ou Faste de la Nation kurde*, écrit en 1596 en persan, traduit et édité par F. Charmoy. (4 volumes, Petersbourg, 1868-1875).

Cohen Claudia, *Grandir Au Quartier Kurde, Rapports de génération et modèles culturels d'un groupe d'adolescents israéliens d'origine kurde,* Paris, Editions Institut d'Ethnologie, 1975.

Deloye Yves, *Etat, Nation et identité nationale : pour une clarification conceptuelle*, in Noëlle Burgi (dir.), *Fractures de l'Etat-Nation*, Paris, Editions Kimé, 1994.

Demaldent Jean Marie, *Regard froid sur une tragique impasse,* Paris, in Confluences en Méditerranée, N°6, printemps 93, p. 133-148.

Demaldent Jean Marie, *Turquie, comment peut-on être kurde ?,* in Le Nouveau Politis, La Revue, Paris, janvier 1993, p. 61-66.

Dirks Sabine, *Islam et Jeunesse en Turquie d'aujourd'hui,* Thèse présentée à l'Université de Paris V en 1975, Diffusion Librairie Honore Champion, Paris, 1977.

Ephrem-Isa Yousif, *Parfums d'enfance à Sanate, Un village chrétien au Kurdistan irakien*, Editions L'Harmattan, 1993.

Gellner Ernest, *Nations et nationalisme*, Paris, Payot, 1989.

Georgeon F., *Le dernier Sursaut (1878-1908),* in Mantran R., *Histoire de l'Empire Ottoman,* pp 523-648, Paris, Ed. Fayard, 1996.

Hamilton A. M., *Ma route à travers le Kurdistan irakien,* Récit d'un ingénieur néo-zélandais en Irak, traduit de l'anglais par Thomas Bois, Paris, Editions l'Harmattan, 1994.

Halkawt H. dir, *Les Kurdes par-delà l'exode,* Paris, l'Harmattan, 1992.
Hilal Mohamed Taleb, *Etude sur la province de Djezira, du point de vue national, social et politique,* Damas, 1963.
Hobsbawm Eric, *Nations et nationalisme depuis 1780*, Paris, Editions Gallimard, 1992.
Jmor Salah, *L'origine de la question kurde,* Paris, l'Harmattan, 1994.
Kouchner B., *Le malheur des autres,* Paris, Ed. Odile Jacob, 1991.
Kutschera C., *Le mouvement national kurde,* Ed. Flammarion, 1979.
Kutschera Chris, *Le Défi Kurde, ou le rêve de l'indépendance*, Paris, Bayard Edition Politique, 1997.
Lewis Bernard, *Histoire du Moyen-Orient*, Paris, Albin Michel, 1997.
Mantran Robert (sous la direction), *Histoire de l'Empire ottoman,* Paris, Editions Fayard, 1989.
Meyer Michelle, *Question sur le Moyen-Orient. Le Kurdistan,* Strasbourg, Edition Perspective 21, 1992.
Mitterrand Danielle, *La levure du pain,* Paris, Editions n°1, 1992.
Mitterrand Danielle, *En Toutes Libertés*, Paris, Ramsay, 1996.
Moltke Maréchal, *Lettres du Maréchal de Moltke sur l'Orient à sa mère et à ses frères,* traduit de l'allemand par Alfred Marchand, Paris, 1877.
More Christiane, *Les Kurdes aujourd'hui, Mouvement national et partis politiques,* Paris, Editions L'Harmattan, 1984.
Nezan Kendal, *Les Kurdes et le Kurdistan,* (Sous la direction de Gérard Chaliand) Paris, Editions Maspero, 1981.
Nikitine Basile, *Les Kurdes, Etude sociologique et historique,* Paris, Imprimerie Nationale, 1956.
Picard E. dir, *La nouvelle dynamique au Moyen-Orient, Les relations entre l'Orient Arabe et la Turquie*, Paris, l'Harmattan, 1993.
Rondot Philippe, *l'Irak,* Paris, Editions puf, Que sais-je, 1979, 2e édition mise à jour en janvier 1995.
Russo Maurizo, Formation des Régiments Hamidiye (1891-1893), *Revue d'histoire arménienne contemporaine,* I, (1995), p 33-44.
Sammali Jacqueline, *Etre Kurde, un délit ?*, Paris, l'Harmattan, 1995.
Sellier Jean et André, *Atlas des peuples d'Orient,* Paris, Editions La Découverte, 1993.
Vanly Ismet C., *Le Kurdistan irakien, Entité nationale, Etude de la Révolution de 1961,* Suisse, Ed. de la Baconnière Neuchatel, 1970.
Veinstein G., *l'Empire dans sa Grandeur (XVIe siècle)*, in Mantran R., *Histoire de l'Empire Ottoman*,pp 159-262, Paris, Ed. Fayard, 1996.
Vaner Semih , Akagül Deniz , Kaleagasi Bahadir, *La Turquie en*

Mouvement, Bruxelle Edition Complex, 1995.
Viennot J.-P., *Contribution à l'étude de Sociologie et de l'Histoire du Mouvement National Kurde,* Thèse, Paris, EHESS, 1969.
Vincent Jean-Marie, "Quand la politique n'est plus une manifestation interne de souveraineté" in Noëlle Burgi (dir.), *Fractures de l'Etat-Nation*, Paris, Editions Kimé, 1994, p. 116-124.
Yerasimos Stéphane (dirigé par), *Les Turcs, orient et occident, islam et laïcité*, Paris, Edition Autrement, 1994.
Zana Leyla, *Ecrits de prison*, Paris, Edition des Femmes, (textes traduits du kurde et du turc par Kendal Nezan), 1996.
Zana Mehdi, *La prison n°5, onze ans dans les geôles turques,* Paris, Editions Arléa, 1995.
Zaza Noureddine, *Ma vie de Kurde*, Genève, Editions Labor et Fides, deuxième édition, 1993.
Rapports d'*Amnesty International* section française.
Rapport de l'équipe d'assistance de l'ONG Medico International, 1-11 mars 1989, n° 22, Köln, Allemagne
Assemblée Parlementaire du Conseil de l'Europe, *Rapport sur Les réfugiés et les demandeurs d'asile iranienes et irakiens en Turquie,* Doc 5995, 17 janvier 1989.
FIDH, (Fédération Internationale des Ligues des Droits de l'Homme), *Mission d'Enquête sur la Situation des Droits de l'Homme, Kurdistan irakien,* hors série n□ 178, octobre 1993.
FIDH, *Rapport de la Mission d'Enquête sur la situation des droits de l'homme, Kurdistan,* hors série, n□ 194, janvier 1995.
Ministère des Affaires Etrangères, *Conférence de Lausanne*, Paris, Imprimérie Nationale, Document diplomatique, 21 novembre 1922 - 1er février 1923, tome premier 1-4 février, Tome 2, 1923.

Ouvrages en anglais

Arfa Hassan, *The Kurds,* London, Oxford University Press, 1966.
Brown James, "The Turkish imbroglio : its Kurds", *Annals*, 1995.
David McDowall, "The Kurdish question in the 1990s", *Peuples méditerranéens*, n°68-69.
Rich Chaud James, *Narative of a residence in Kordistan,* (Récit d'une résidence au Kurdistan), 2 volumes, Londres, 1836
Soane E. B., *To Mesopotamia and Kurdistan in Disguise,* London, Edition John Murray, 1909.

INDEX DES NOMS DE PERSONNES

652468 - Mai 2016
Achevé d'imprimer par